走向数字文明

金融科技与
小企业的未来

（Karen G. Mills）
[美] **凯伦·G·米尔斯**
袁伟 译

著

Fintech,
Small Business &
the American Dream

How Technology Is Transforming
Lending and Shaping a New Era of Small Business Opportunity

机械工业出版社
CHINA MACHINE PRESS

在这本书中，美国小企业资深管理者和哈佛商学院高级研究员凯伦·G.米尔斯专注于小企业对资金的需求，以及技术将如何改变小企业贷款市场。这是一个饱受摩擦困扰的市场：贷款机构很难判断哪些小企业信用良好，而借款人往往不知道他们需要多少钱或哪种贷款。米尔斯描绘了金融科技是如何改变并将继续改变小企业贷款的，以及金融创新和明智的监管如何能够恢复一条通向经济复兴的道路。书中探讨了小企业对经济的广泛意义、信贷市场的历史作用、创新周期的动态以及监管的政策影响，这本书适用于银行家、金融科技投资者和监管机构相关人士，也适用于任何对小企业的未来感兴趣的人。

First published in English under the title

Fintech, Small Business & the American Dream: How Technology Is Transforming

Lending and Shaping a New Era of Small Business Opportunity

by Karen G. Mills, edition: 1

Copyright © Karen G. Mills, under exclusive licence to Springer Nature Switzerland AG, 2018

This edition has been translated and published under licence from Springer Nature Switzerland AG.

This edition is authorized for sale in the Chinese mainland (excluding Hong Kong SAR, Macao SAR and Taiwan).

此版本仅限在中国大陆地区（不包括香港、澳门特别行政区及台湾地区）销售。

北京市版权局著作权合同登记　图字：01-2022-4620号。

图书在版编目（CIP）数据

金融科技与小企业的未来 /（美）凯伦·G.米尔斯（Karen G. Mills）著；袁伟译. —北京：机械工业出版社，2024.1

（走向数字文明丛书）

书名原文：Fintech, Small Business & the American Dream: How Technology Is Transforming Lending and Shaping a New Era of Small Business Opportunity

ISBN 978-7-111-74541-9

Ⅰ.①金… Ⅱ.①凯… ②袁… Ⅲ.①金融－科学技术－关系－中小企业－企业发展－研究 Ⅳ.①F830 ②F276.3

中国国家版本馆CIP数据核字（2024）第025435号

机械工业出版社（北京市百万庄大街22号 邮政编码100037）

策划编辑：李新妞　　　　　　　　　责任编辑：李新妞
责任校对：李可意　丁梦卓　闫　焱　责任印制：张　博
北京联兴盛业印刷股份有限公司印刷
2024年5月第1版第1次印刷
170mm×230mm·13.75印张·1插页·215千字
标准书号：ISBN 978-7-111-74541-9
定价：89.00元

电话服务　　　　　　　　　网络服务
客服电话：010-88361066　　机 工 官 网：www.cmpbook.com
　　　　　010-88379833　　机 工 官 博：weibo.com/cmp1952
　　　　　010-68326294　　金 书 网：www.golden-book.com
封底无防伪标均为盗版　　机工教育服务网：www.cmpedu.com

致巴里、威廉、亨利和乔治

译者序

现如今，科技创新极大地推动了各行各业的发展，然而在小微企业借贷领域，很长一段时间内起色并不大，直到金融科技的出现，借贷业务的孤岛才被逐渐打破。

金融科技包含的领域十分广泛，从传统的银证保到新兴的加密货币、区块链等都在金融科技的推动下持续变革。本书主要讲述了借贷市场创新以及科技如何让市场运作变得更有效，简单来说就是美国小微企业及其所涉猎的资本市场的故事。

据国际劳工组织的估计，2023 年中小微企业占全球企业总数的 90%，为全球提供了 60%~70% 的就业岗位，并贡献了全球 50% 的国内生产总值。作为社会经济的支柱，中小微企业为地方和国家经济以及为保障大量工人生计做出了重要贡献，但同时它们也存在巨大的融资壁垒和潜在的缺口。

初读原版时，我便与作者凯伦的观点产生强烈的同频共振。作为美国小企业管理局（SBA）的负责人，凯伦主管美国所有的企业家和小微企业主，通过对美国 3000 万家小微企业的分类探究，她深入论述了小微企业贷款的难题，并预测了未来金融科技创新将如何驱动借贷市场的变革。

贷款人很难确定哪些小企业信誉良好，企业主也很难了解自己的现金流和前景，这一直是小微企业的痛点，而金融科技创新周期正迎来又一个拐点——新的数据流有能力揭示小企业财务的不透明本质。

可以说，数据在金融科技赋能小微企业贷款过程中发挥了"燃料"的作用，多年来在大数据、机器学习领域的研究和实践，也让我看到了数据在场景应用和技术联动中的价值。因此，我决定结合自身经历参与到本书的翻译中，希望帮更多人看到科技对小微企业融资的助力，从而对未来小微企业的发展怀有信心和期待。

2018年，道口金科由清华大学五道口金融学院互联网金融实验室孵化创立。作为创始人，孵化伊始我对道口金科的定位便是通过搭建针对我国中小微企业的全面且结构化的数据库，为金融机构、地方政府、集团企业、商业机构及研究机构等提供数据风控、精准营销和研究分析等服务。

在后续的业务升级中，或许在细节上有所调整，但我们始终坚持让小微企业"被看到"，因为只有被看到，才有机会和资格参与市场化的竞争。正如书中提到的美国金融科技发展时期，一批像亚马逊、美国运通和Square的平台逐渐推动小微企业利用大数据和人工智能来平滑现金流，也能提升融资能力。

截至2022年末，我国中小微企业数量已超过5200万家，比2018年末增长51%。2022年平均每天新设企业2.38万家，是2018年的1.3倍。中小微企业快速发展壮大，是数量最大、最具活力的企业群体，是中国经济社会发展的生力军。

中小微企业广泛分布于细分领域，专注于产业链配套，以产业链供应链为纽带促进大中小企业融通、产学研协同，助力形成环环相扣的完整产业生态，成为保持产业链供应链稳定和竞争力的关键。同时，中小微企业既为消费者直接提供了大量物质产品和服务，又成为吸纳和调节就业的"蓄水池"。但正是这样一批经济的血脉，却深受融资压力。那么，未来我国中小微企业的借贷模式又将出现怎样的变化呢？

我相信底层的逻辑正如凯伦在书中所描述的一样。虽然第一次金融科技浪潮为后来的变革奠定了基础，但金融科技的创新针对的是客户体验，模式壁垒并不强，相比之下，银行等传统贷款机构庞大的客户群和低成本的存款优势却十分突出。对此，凯伦在书中也为传统贷款机构和银行制定了相应策略，供想要与金融科技公司合作进行内部创新和其他技术创新的银行参考，这部分可以说给中小企业和贷款方提供了一套完善的思路和建议。

在从清华大学孵化道口金科以及独立运营的过程中，我们也一步步验证了凯伦的观点，可以说是真知灼见，对未来相关领域的规划发展提供了重要参考。

当前，我国传统产业金融服务面临严重的信息不对称痛点，金融机构难以掌握产业链情况，难以判断融资资产的真实背景和潜在风险，其根本原因是产业链上物流、信息流、商流和资金流信息不对称，资产难穿透、数据难验真、难实时掌握。

对此，道口金科通过挖掘数十亿商品交易信息和1.8亿企业数据，拆解出数万种商品类型和上亿个商品名称，建立了囊括知识图谱、认知图谱、行业图谱的数据平台，较为充分地展示产业链商品之间的上中下游关系、产业链各环节的成员情况以及产业链的发展趋势，并运用人工智能和大数据技术对中小企业进行风险画像和信用评价，实现中小微企业商业信用的可视化、数据化，构建企业信用体系；对中小微企业的融资需求和商业银行的信贷产品进行线上智能对接，为中小微企业提供符合其信用及发展状态的金融产品，帮助中小微企业解决融资难题。

　　结合自身的创业经历，我对凯伦的力图"重塑小微企业新时代的发展机遇"感同身受。我们感慨于小微企业主的不易以及贷款机构的努力，但相信黑暗过后总会等到黎明的曙光，金融科技的出现恰逢其时，也在逐渐打破贷款机构与小微企业间的信用壁垒，而这与我们创立道口金科的初心不谋而合，真正地推进"科技向善"，也期望未来中国的小微企业能够在金融科技的加持下收获一个蓬勃的融资环境，得到更好的赋能、突破与发展。

道口金科创始人兼 CEO

中国科学院博士，清华大学博士后

2024 年 1 月于道口金科

前　言

　　那是一个寒冷的日子，我们在阿肯色州锯木厂泥泞的庭院里冷得瑟瑟发抖。当时，我在华盛顿的新工作职责之一就是走访企业。那天早上，我凌晨 4 点就起床了，辗转两架飞机抵达小岩城，而后又驱车南下两小时才到达希尔兹木业（Shields Woo），拜访里奇和他的妻子安吉拉。希尔兹木业是夫妻俩共同创办的公司。安吉拉还兼任公司的记账员。那天我的心情并不好。后来，安吉拉跟我说了一番话，改变了我对那天的看法，或许也促使了这本书的问世。"您知道吗，"她说，"您挽救了我们的公司。"

　　往后的一年里，同样的话我听过很多次，因为我们总是想方设法让资金流向小微企业。这些企业在 2008 年的美国经济大衰退期间因信贷市场冻结而陷入困境。银行资金周转不灵停止放贷，由美国小企业管理局（SBA）担保的贷款成为许多小微企业的救命稻草。我是小企业管理局的负责人，也是奥巴马总统的内阁成员之一，主管美国所有的企业家和小微企业主。这份工作非常不错。不过，为确保小微企业的声音不会被其他优先事项淹没，偶尔也需要拍案而起。

　　我清楚小微企业对经济的重要性。上世纪初，我爷爷杰克从俄罗斯来到美国时两手空空。他白手起家，从波士顿一家鞋店后面的两台机器干起，最终创办了一个纺织企业。靠着这个企业，他不仅养活了他的家人和大家族，还雇用了数百名工人。我上大学那会儿去工厂帮忙，爷爷就告诉我，不要去大公司工作。他说："我们家不为其他公司卖命。我们要自己开公司。"

杰克爷爷的故事就是"美国梦"的故事。这个世界上，可以通过创办小微企业，发展壮大，为自己和家人赢得新机会和新生活的地方为数不多，美国就是其中之一。然而，这条通道如今岌岌可危。长久以来，由于社区银行的整合，加上银行难以通过小额贷款（尤其是贷款给极小微企业）盈利，小微企业一直面临着融资压力，不仅在经济衰退期间如此，而且在此前的几十年里一直如此。

不过，金融科技创业者从 2010 年左右开始崭露头角。他们利用数据和技术，为小微企业借贷带来了新体验，极大地改善了贷款流程。此前的贷款流程打从我爷爷杰克那时起，就基本没有改变过。这些革新者们经历过初期的成功以及伴随而来的挫折，正在悄然改变着小微企业的贷款市场。大型全球性银行和小型社区银行如梦初醒，他们这才意识到，小微企业一直在寻找的是一套注重其独特需求的、更有针对性的、更具创新性的产品和服务。像亚马逊、草方格（Square）和贝宝（PayPal）这样的平台向人们展示了数据的威力，小微企业长期以来信息不透明的问题得以解决。

本书探讨了小微企业借贷的现状及未来发展前景。书中问道："小微企业想要什么？谁会成王，谁是败寇？监管机构又该如何应对？"不过，最关键的是，本书讲述了小微企业的角色及其经济重要性，以及利用技术克服某些基础壁垒后迎来更健全的小微企业借贷市场的发展前景。它力求阐明一种新形态，即"小微企业乌托邦"：一个通过创新解决问题的世界，这种创新能协助小微企业获取发展壮大所需的资本。

本书围绕的一个基本前提是，小微企业至关重要。它们对经济增长而言举足轻重，对我们的社区而言不可或缺，对美国梦的未来而言必不可少。我曾是风险投资家，也是小微企业主，并曾在政府部门任职。"小微企业至关重要"算是我的经验之谈。里奇和安吉拉、杰克爷爷以及美国 3000 万小微企业中的许多企业主和雇员的故事也证实了这一点。

2009 年 10 月，我和奥巴马总统站在马里兰州兰多弗的一个满是小微企业主的仓库里参加活动。总统结束演讲后，看着这些在金融危机余波中苦苦挣扎的创业者们的脸，说道：

> 我知道时局艰难，我能想象你们中的许多人在艰难的经济环境下维持生计所经历的一切。但我向你们保证：本届政府将是小微企业的坚强后盾。支持你们就是我们的首要任务，因为我们相信，你们的成功，就是美国的成功。㊀

比起金融危机期间，如今小微企业在融资方面更便利了，但壁垒仍然存在。利用金融技术的发展，打造变革性的新产品和服务，开辟通往美国梦的新途径，或许能帮助小微企业跨越这些壁垒。在这个变革时期，为了小微企业繁荣兴旺的发展前景，我们必须确保创新事业欣欣向荣。因为，只有小微企业成功了，美国才能成功。

凯伦·G. 米尔斯

美国马萨诸塞州波士顿

㊀ 奥巴马总统，"大都会档案馆讲话稿"（在马里兰州兰多弗的演讲，2009 年 10 月 21 日），政府办公室，https://www.govinfo.gov/content/pkg/PPP-2009- book2/pdf/PPP-2009book2-doc-pg1555.pdf.

致　谢

　　本书的写作历时很长，写作期间得到了许多睿智的同仁无私的帮助和支持。在此，我要感谢 Louis Caditz-Peck, Ronnie Chatterji, Diana Farrell, Bill Kerr, Barbara Lipman, Brayden McCarthy, Ramana Nanda, Richard Nieman, Robin Prager, Peter Renton, Scott Stern, Jonathan Swain，感谢他们花费大量时间阅读书稿，并进行点评及校订，极大地完善了本书。特别感谢 Bill Kerr，他的著作《全球人才的礼物》（*the Gift of Global Talent*）中的事例令我们受益颇多。Aaron Mukerjee、Justin Schardin 和 Annie Dan 对本书的贡献当属第一，他们与我一同研究、写作、编辑了数月，不断充实本书的故事并提供了许多不俗的见解。非常感谢 Jacey Taft 为取得故事和图表的出版许可所做的努力，以及她一直以来对本书的支持。Brayden McCarthy 曾在小企业管理局 (SBA) 和白宫任职，他原本想写的文章是关于小微企业贷款缺口，后来他与我合著了哈佛商学院的两份白皮书，本书第一部分就是在此基础上写就的。

　　本书缘于金融危机期间我在华盛顿小企业管理局的运营经历。我要感谢小企业管理局的工作团队，感谢他们给我的启发以及工作中的奉献精神，特别是那些外勤人员，他们每天都在为小微企业主们顺利融资而奔忙。我们创造的影响力离不开小企业管理局领导团队的远见卓识和努力工作。尤其是办公室主任 Jonathan

Swain，是他一直与我共同解决问题。凡是在华盛顿工作过的人都知道，离开白宫和国会的支持，任何事情都办不成。时至今日，我仍感激奥巴马总统以及 Larry Summers, Gene Sperling, Valerie Jarrett 和 Pete Rouse 对小微企业及对我本人的支持。参议员 Mary Landrieu 和 Olympia Snowe 为关键性法案能立法而共同努力，树立了两党领袖的榜样。如今，该法案仍在持续惠及小微企业主们。

哈佛商学院的 Nitin Nohria 院长、Jan Rivkin 以及商学院创业管理部门的同事们对我的鼓励，使我下定决心写作。非常感谢商学院研究与教师发展部的大力支持。感谢 Tula Weis, Ruth Noble 和 Palgrave Macmillan 出版团队给我这个机会及给予我的帮助。感谢 Glenn Kapla 和 Rebecca Uberti 为本书封面提供设计稿并提出宝贵意见。

本书的创作灵感来自于平日我对家人的观察，特别是对我的父母 Ellen 和 Melvin Gordon，以及我的祖父母的观察。他们创办企业，自己的办公室就紧邻着工厂。感谢我的家人们，特别感谢巴里还有我们的儿子 William, Henry 和 George，感谢他们给予我的所有支持与鼓励。

目　录

第二部分 金融科技创新的新世界

第三部分　监管的作用

结　论

金融科技与小企业的未来

1

小微企业贷款的故事

美国有多达一半的劳动力，或创办或受雇于小微企业。美国 50% 的就业岗位来自小微企业。如今，美国有超过三千万家小微企业，小微企业是美国的经济基础，也是组成美国社会的基本结构。这些企业遍布美国各州各地区，横跨了从零售店到石油和天然气勘探等各个行业。小微企业主的故事通常就是支持当地棒球小联盟的具有社区意识的公民或者是努力改善生活的移民创业者的故事。

这些企业各有不同，但它们面临着一个共同的挑战：它们往往很难获得维持运营和发展壮大所需的资金。近百年来，小微企业贷款的境况并未见起色。为了贷款，小微企业主往往要准备一大堆文件，提交到当地银行，然后花上数周等待答复。如果被拒，他们就再去下一家银行试试。

这是多么令人沮丧的过程啊，可有不少人认为这算不上什么：很多贷不到款的小微企业，本来就不应该拿到贷款，因为它们的信誉度不高；而且大多数小微企业其实并不想发展壮大，当然也就不需要外部融资。这些人还认为，银行如今已经完全可以满足市场上有信誉的借款公司的需求。这些说法有一定的道理。确实并非所有想要贷款的企业都该得到贷款，许多企业也并不想发展壮大。与暗无天日的经济大萧条时期相比，如今贷款市场的总体情况已经有了很大的改善。不过，这些说法对当前小微企业贷款市场的困境视而不见，而近几十年来这种情况竟然在不断恶化。

小微企业贷款纷繁复杂。在本书中，我们将见识到小微企业主们的不易，从迈阿密到曼哈顿再到缅因州的小微企业主们，为能以合适的成本获取适当的贷款金额而四处奔忙。我们将见识到贷款机构的努力，从新英格兰到得克萨斯再到硅谷的贷款机构正想方设法弄清楚哪些小微企业是有信誉的，以及如何能从给这些企业的贷款中盈利。这些故事是相互关联的，确切地说，这些故事正是小微企业与贷款机构在借贷市场中相互摩擦的经历。借助现有最先进的研究成果及大数据，我们将为读者呈现：信誉良好的小微企业的融资缺口，以及让许多传统贷款机构不太愿意或无法满足小微企业融资需求的壁垒。我们还将对金融科技创新何以解决这其中的某些问题进行跟踪。

金融科技重塑小微企业贷款

从音乐到电信领域，科技创新极大地推动了各行各业的发展，然而在银行小微业务领域，一直起色不大。如今，金融科技（financial technology，简称fintech）正在改善这一现状。金融科技包罗万象，上至银行、保险以及其他金融板块的创新，下至加密货币以及区块链等新兴业务，而本书采用金融科技视角，聚焦于金融科技在借贷（尤其是小微企业借贷）中的影响。

借贷业务并非一座孤岛。其他金融科技（尤其是支付领域）的创新与发展对借贷业务有着一定的影响。就本书叙事而言，借贷业务及其相关的大数据/人工智能创新已经为我们提供了足量的案例，以帮助我们理解科技是如何重塑市场的。在小微企业借贷领域，金融科技创新仍处于方兴未艾的阶段，其前景十分广阔。

现今，我们所看到的金融创新还都只是一些"萌芽"，有些是 2010 年前后早期该领域企业家创新精神的落地，有些是其他大型银行和科技公司的新型业务。本书通过分析小微企业需求以及当今借贷市场的基本要素，讨论金融科技何以改变市场生态，普惠小微企业以及贷款机构。对于小微企业而言，这一论断或许有些过于乐观，但是随着大数据／人工智能赋能决策的不断发展，现有的或即将推出的金融创新甚至有望改变像小微企业借贷这样的传统"老派"行业。

科技打通了海量数据的大门，机遇也随之而来，人们得以对小微企业的运营状况和发展前景产生新的见解。从这些数据中得出的论断，或许能解决借贷市场上贷款方和借款方所面临的两个决定性问题：其一是"异质性"——每家企业实际上都各不相同，因此很难由此及彼地进行推演；其二是"信息不透明"——小微企业内部的真实状况往往不为人知。

站在贷款机构的角度看，企业规模越小，就越不好判断该企业是否盈利以及其发展前景如何。许多小微企业经营者对企业现金流情况及销售总额预估含糊不清，对客户付款期无法明确，对时节变化或新订单与企业现金需求间的关联认识不足。小微企业的现金储备少，一个计算失误，一次逾期结款，甚至企业发展过快，都可能会引发现金短缺从而使企业面临倒闭风险。

可是，如果技术能让小微企业主更明智地掌控现金流情况，且贷款机构也能更明智地进行回应呢？如果新的贷款产品和服务能够更便捷地创建投资者所说的"真实档案"——一套既快速又精准地预估小微企业信用度的体系，就像消费者的个人信用评分帮助银行预测个人贷款、信用卡和抵押贷款的信誉一样呢？[1] 如果小微企业主有一套关于企业行为（包含现金估测、销售及成本趋势分析）的可视化工具，能全方位为他们呈现企业财务健康状况呢？如果这个可视化工具能够帮助他们了解当前可供选择的所有信贷产品，以及他们今后该如何去提高信用评分呢？更理想的是，如果这个可视化工具结合了人工智能的学习能力，可以根据对类似行业的数千名企业家的相关数据进行分析预测，帮助企业及时调转船头避免触礁呢？

这个未来令人向往，它迎合了小微企业主的基本需求，能让他们看到并且更清楚地解读现有信息，根据自身条件进行相应规划，起到了为小微企业保驾护航的作用。此外，贷款机构也有望更便利地了解其潜在客户的信用度，从而降低借贷成本。我们把这样的未来称为"小微企业乌托邦"。

未来或许不会如这个名字般美好。小微企业形形色色，难以预测，而且企业家们经营公司，有着太多独创性、特殊性的见解，而人工智能是无法替代或提升这些见解的。小微企业主历来偏于墨守成规，可能会对新技术有所抵触。但他们也是务实的。如果新研发的人工智能可以助他们一臂之力，他们会找到合适的方式予以采纳。其实，他们渴望新的解决办法。早期金融科技公司贷款周转时间快且在线申请便利，小微企业主们对此反响热烈，而这也刺激了传统贷款机构进行改变。

本书中，我们回溯了金融科技创新的发展周期，探讨了下一步将会是谁、以何种方式进行创新。我们在如今已知的基本要素上构建对未来的预测：小微企业有哪些融资需求，当前贷款机构为满足这些需求面临哪些挑战，以及技术能为此提供哪些解决方案。

对小微企业借贷的三个误解

通过本书，我们将为您呈现人们对小微企业及其借贷的三个普遍性误解。所谓"众说纷纭，莫衷一是"，其实在某些情况下，反面的说法也有其正确的部分。通常我们所掌握的数据不够充足，无法对实际情况有明确的认知，也无法证明其相互间的因果关系。缺乏数据源，也正是小微企业面对的难题之一。幸运的是，经济大衰退以来，人们对小微企业的经济重要性、融资对小微企业的作用以及贷款市场的缺口进行了更多的研究和分析。利用这种新型研究，我们将对小微企业贷款的三个误解一一进行探讨。

第一个误解是：认为小微企业对经济不那么重要，且大多数小微企业都会关门大吉，或许并不应该得到融资。这种说法认为，成功的小微企业基本上不需要外部融资，而那些应该获得融资的企业也已经得到了良好的市场服务。与这种说法相反，本书的前几章节汇集了小微企业融资壁垒的绝佳证据，并叙述了小微企业贷款市场的潜在缺口。

第二个误解是：认为传统贷款机构"守旧落伍"，金融科技初创企业很快就会取而代之。随后的事态表明，人们起初寄望于靠金融技术颠覆市场，这种想法过于简单化了。然而，利用技术革新小微企业贷款市场的潜力依然存在。本书的作用在于区分现实与炒作——区分市场的颠覆会发生在哪里，哪些地方会对小微企业及其财务的健康状况、小微企业的贷款机构带来最大的影响。基于对最能迎合小微企业需求的产品的了解，本书预测了在未来的小微企业贷款市场中，什么才是成功者的必杀技。

第三个误解是：认为小微企业贷款市场衰退的罪魁祸首是金融危机后期出台的金融服务法规，尤其是多德－弗兰克改革。[2] 有些人主张或意指，如果减少或取消这些法规，社区银行就会重新承担起此前的重要角色，继续为小微企业提供贷款，特别是关系型借贷。

有一种说法是真实的：经济危机后，小型银行或多或少都遭遇了监管负担过重的情况。为减轻监管负担，特别是减轻小型银行的负担，我们必须做出改变。不过，更深层的分析表明，各部门确实存在竞相监管及重复监管的现象，而这并不是唯一的问题。社区银行的衰败在很大程度上要归咎于几十年以来的结构性问题。创新，特别是利用大数据方面的创新，改善了信贷市场状况，但同时也带来了新的监管问题。对策并非简单地减少监管，而是要进行精准监管。我们对以技术为驱动力的小微企业贷款市场将面临的新挑战要有所思考和判断。

要搜集这三方面的论据，意味着要深入搜寻经济工作三个不同领域的数据和佐证材料，为此我们投入了大量的时间和精力。首先，我们从宏观经济和微观经济的角度，对于该如何看待小微企业的重要性及其发挥的作用以及小微企业的贷款缺口展开讨论。其次，利用创新文献，我们得以了解创新周期的运作方式并预测金融技术革命的效果。最后，我们从政策和监管领域了解金融监管的现状入手，对与大数据和人工智能息息相关的未来监管模式进行探讨。本书的主线将始终聚焦于小微企业及其融资需求。

小微企业是本书叙述的主角，但并非所有小微企业都是相同的。为了界定我们所谈论的类型，我们对美国 3000 万家小微企业重新分类：没有雇员的独资企业、缅因街企业、供应商和高成长性的初创企业。本书关注的是对银行依赖性较强的小微企业，它们大多属于前三类。我们将不涉及背靠风险资本的高成长性公司的资本需求，这类公司占比较少。诚然，这类公司也非常重要，它们很可能是下一个谷歌或亚马逊；不过，它们的股权资本运作的市场与此不同。

还有其他一些领域，本书也不涉及。《金融科技与小企业的未来》讲述的是美国小微企业及其可涉猎的资本市场的故事。英国和中国的市场监管方式与美国不同，借鉴的作用不大。不过，全球金融技术的发展前景可观，尤其是在发展中国家的发展前景，这部分会留待将来探索。此外，本书主要讲述借贷市场创新以及科技如何让市场运作变得更有效。政府为应对经济大衰退而出台的政策，本书也有所涉及，我们重点关注监管环境的相关提议。然而，书中没有对政府采取具体的干预措施来进一步缩小市场缺口给出建议，也没有充分探讨技术如何优化政府为改善服务欠佳的贷款市场产品而做出的努力，这个领域潜力十足。

全书概览

本书分为三个部分。第一部分以"难题"开篇：小微企业对经济很重要，融资对小微企业也很重要，但一直以来给小微企业贷款的传统银行，却面临着周期性和结构性的压力。结果是出现融资缺口，这对那些寻求最小贷款额度的小微企业影响最大。第二部分介绍了金融科技创新的崛起，以及为填补融资缺口挺身而出的新老玩家。本次金融科技创新周期的发展虽然一波三折，但对小微企业及其贷款机构而言，它有可能带来真正的变革。第三部分涉及监管，讨论了当前的监管问题，以及未来构建更健全的市场环境的原则。本书的结尾回顾了小微企业贷款的永恒真理并对未来趋势进行了预判。

第一部分：难题

小微企业是美国经济的中流砥柱。虽然绝大多数政客和民众都称自己认同这一说法，但许多经济学家提出的模型都把小微企业排除在外，而且小微企业在美国高层决策圈中的影响微乎其微。然而，小微企业对美国的就业机会和创新发展的贡献却是巨大的。此外，"美国梦"的具体体现，其实就是创办属于自己的小微企业。小微企业是中产阶级生机勃发和社区稳固的有力支柱，也是社会阶层流动的途径。人们普遍认为，所有小微企业都是一样的。其实不然。本部分描述了四个不同类型的小微企业群体，每个群体都有不同的需求，尤其是在融资方面。

小微企业依靠信贷来启动、经营和发展，可以说，资金就是它们的命脉。有史以来，小微企业融资的渠道主要是银行。但在 2008 年金融危机期间，信贷市场冻结，银行暂停贷款，就连那些信誉好的企业也无法获得贷款。金融危机对小微企业打击很大，而信贷市场修复是个缓慢的过程。经济下行使小微企业主的信贷抵押品（尤其是房屋产权）大幅贬值。贷款机构和企业家们因销售损失和危机创伤而变得谨小慎微。短期内周期性因素使经济复苏期间小微企业的信用贷款变得尤为困难，而这为新技术和贷款机构进入市场敞开了大门。

经济复苏之后，小微企业在融资方面仍然存在缺口。人们不禁把这归咎于监管或其他周期性问题，但几十年以来，长期结构性因素让银行压力重重。社区银行从 20 世纪 80 年代以来便不断衰败，而社区银行历来是小微企业借贷资金的源泉。大型银行资产集中，不过它们对小微企业的关注度大不如前。大型银行更看重客户的银行业务、抵押贷款和投资，它们认为小微企业贷款业务往往无利可图。的确，借贷给小微企业风险更大，交易成本无法规模化，而且难以证券化。数十年来，这些结构性因素一直牵制着小微企业的融资。

由此，我们提出了一些关键性问题：小微企业想要什么？小微企业为什么要寻求融资，它们需要什么样的资金，市场缺口在哪里？大多数小微企业都想要小额贷款，但贷款市场摩擦不断，银行难以高效地提供小额贷款。小微企业的信贷生态缺口以及小微企业面临的资本挑战，为释放金融科技革新贷款市场的潜能做好了铺垫。

第二部分：金融科技创新的新世界

本书的第二部分，我们将探讨科技怎样改变小微企业的贷款方式。约瑟夫·熊彼特（Joseph Schumpeter）是 20 世纪重要的经济学家。他认为，创新是通过"创造性破坏"的过程拉动经济增长的。根据他的理论，新发明将以可行的方式被运用到经济市场中，从而打破传统产业。后来的学者构建了"创新 S 曲线"理论，即新事物会在发酵期存续一段时间，市场适应新产品和服务之后，则进入快速发展期和市场接纳期。金融技术企业家初登场时，貌似要抓住机会把传统银行踩在脚下，想要大刀阔斧地改造小微企业贷款的市场格局。然而，事实证明，改革没那么简单。

金融科技并没有如人们预期的那样进入创新周期的第二阶段，即"发展阶段"。最初，数百家新型金融技术公司涌入市场，人们欢欣鼓舞，然而这些金融科技公司发展过快，加上监管部门监管过于松散，导致了服务收费高和隐性费用多等问题，小微企业在借贷时对此毫无防备。虽然第一次金融科技浪潮为今后更大的变革奠定了基础，但人们很快就明白了，金融科技的创新针对的主要是客户体验，传统贷款机构完全可以轻松效仿。而且，与市场新进者相比，银行和其他现有的贷款机构优势突出，尤其是它们都拥有庞大的客户群和来自存款的低成本资金池。

"发展阶段"中止，市场进入了百花齐放的次发展期，出现了一批像亚马逊、美国运通（American Express）和 Square 这样的平台。这些平台对数据的纯熟运用，预示着小微企业的美好新世界即将到来。到那时，小微企业将能够利用大数据和人工智能来平滑现金流，其财务掌控能力将得到提升，也能及时获取符合其需求的资金。

本书的第二部分中，我们也为传统贷款机构和银行制定了策略，帮助它们在这个体系中创新。我们以马萨诸塞州的东方银行为例，探讨了一个重要问题：针对小微企业借贷，银行和传统贷款机构该如何进行创新？为此，我们制定了相应的策略，供想要与金融科技公司合作进行内部创新或其他技术创新的银行参考。这一部分里，我们还探讨了要把颠覆性的想法和产品引入传统金融机构所面临的困难，并且提议改变架构来克服困难。

第三部分：监管的作用

在本书的第三部分，我们关注监管机构该怎样应对当前及未来的市场变化。目前美国的监管体系阻碍了创新的进程，也未能保护小微企业借贷时免受不良行为的影响。这些问题由来已久，但随着金融科技的兴起，解决这些问题迫在眉睫。银行业监管机构各自为政，犹如杂烩的"意大利面汤"，导致监管效力支离破碎，对小微企业借款者的保护也有所疏漏。

为了小微企业借贷市场的未来，特别是在大数据和人工智能的时代，我们借鉴英国和中国的经验教训，提出新的监管结构和原则。新的监管框架应该既保护小微企业，又鼓励创新，同时要意识到许多金融市场新成员将以非传统借贷的形式登场。对任何新体系而言，及时收集关于小微企业贷款市场的数据都是关键，这样监管机构才能有效监管，查缺补漏，揪出"违规者"。未来最佳的监管体制，需要靠大胆精简那些职能重叠、时而互相矛盾的管辖部门来实现。监管机构还要处理利用大数据和人工智能提供新产品和服务所引发的棘手问题。

　　本书讲述了小微企业借贷模式的转型，以及转型对金融部门及小微企业经济产生的影响。未来发展的结果并不能让所有的小微企业都拿到贷款。不过，我们将迎来一个更轻松、更顺畅、更健全的市场环境。

　　市场出现新成员，伴随而来的将是贷款机构增多以及贷款模式多样化。大数据和人工智能的进步意味着贷款机构将能够识别并服务更多有信誉的借款者，小微企业将在管理资金和运营公司方面更有见地。精准的监管体系将提升对小微企业借款者的保护，市场也将变得更透明。如果实现了这种转型，未来靠经营小微企业走向成功实现美国梦，前景可期。

第一部分

难　题

Part One

2

小微企业的经济重要性

　　2017 年，欧美深夜节目主持人约翰·奥利弗（John Oliver）在某个节目环节开始时，提到一些关于政治家和小微企业的趣事。首先，在他播放的视频中，前民主党总统候选人希拉里·克林顿说道："小微企业是美国经济的支柱。"然后，镜头一切，屏幕上是前共和党副总统候选人萨拉·佩林，她说的话与希拉里如出一辙。随后在画面分屏中，前总统巴拉克·奥巴马和乔治·W·布什也异口同声地吟诵着同样的关于小微企业的颂歌。接下来是更多的分屏画面，最后总共有 34 位来自不同政派的政治家，每个人都以几乎完全相同的话语吹捧小微企业的重要性（图 2-1）。在一个日益党派化的政治舞台上，两党在支持小微企业这点上达成了罕见的共识。

　　不仅仅是政治家，美国公众也表示支持小微企业。盖洛普 2018 年的一项调查显示，67% 的美国人对小微企业抱有"很大"或"相当大"的信心——这是受调查的所有主要机构平均比例的两倍。只有 6% 的人表示信心"非常少"。小微企业在公信度方面一直名列前茅，仅次于军队，遥遥领先于媒体、政府、宗教场所、刑事司法机构以及大型企业。[1]

图 2-1　画面出自《约翰·奥利弗上周今夜秀》"小微企业是美国经济的支柱"

资料来源：*"Corporate Consolidation: Last Week Tonight with John Oliver (HBO)," September 24, 2017.*[2]

　　美国人非常喜欢小微企业，也相信它们很重要。不过，"小微企业是美国经济的支柱"这句话到底是什么意思呢？是指创新者和创业者的重要性吗——他们都别出新意，开创的公司很快能发展成下一个科技巨头？或者，我们指的是缅因街商店和其他小微企业这些我们社区的基本组成部分？小微企业对经济增长以及对就业质量和数量的影响该如何衡量？由于美国一半的就业靠小微企业，大家都知道它们很重要，但小微企业与经济以及就业之间的关联性如何？又为何会如此？

　　要理解小微企业在拉动经济及促进就业方面的作用，有一点我们必须首先澄清：小微企业其实各有千秋。决策者们和民众对此经常会含混不清。高成长科技企业在经济上的作用与缅因街的干洗店或餐馆不同，但对美国经济社会繁荣而言，它们都具有重要地位。每类企业都有包括融资在内的不同需求，这就需要从不同的政策角度出发，迎合不同类型企业的需求。

　　本章中，我们会用一种新方法对小微企业进行分类，并对不同类型的小微企业进行量化。这种做法有助于我们更好地理解美国小微企业的重要性及其作用，为探索它们的资本市场并评估科技对这些市场的影响奠定基础。

小微企业对美国经济重要吗

令人惊讶的是，经济学家并没有任何解析性的框架，可以用来衡量小微企业对经济的贡献。宏观经济学家偏向于关注广泛指标，比如国内生产总值、平均工资和失业率。在凯恩斯模型中，这些指标包括消费、投资和政府为拉动经济的支出。由于购买力主要来自消费者和大型企业，小微企业很少得到这些经济学家的关注。货币经济学家关注的是通货膨胀和美联储（Fed）的运作。在货币经济学家的评估体系中，小微企业与之关联性不强，因为小微企业的相关政策并不助推货币流动或驱动产出。那是属于全球市场范畴内的行为，小型企业很少参与。

宏观经济学家往往是从创新或生产力的角度衡量创业者的贡献。正如一位经济学家所言："任何数额的储蓄或投资，任何宏观经济政策的微调，任何税收或消费刺激措施，都无法让经济持续增长；除非这些行为伴随着不计其数的或大或小的新发现，才能从一套固定的自然资源中创造更多的价值。"[3] 在这种框架下，企业家投资和营销新产品／服务，这种贡献应被视为"创新投入"，反映为"生产力提高"。[4] 不过，这种贡献难以计量。例如，要查阅资料可以用谷歌而不用再去图书馆，想购物可以用亚马逊而不用再去实体店，而这些创新如何转化为生产力，却不得而知。按理说，上网冲浪和沉溺于网飞（Netflix）影视，已经拉低了许多人的生产力。不过，我们都知道创业者们和他们的创新至关重要，因为他们对现状"创造性的破坏"做出了贡献。根据经济学家约瑟夫·熊彼特的观点，这是一个国家保持或夺取全球经济领先地位的代价。[5]

即使有准确的生产力衡量标准，这种关于小微企业对经济贡献的分析也是不完整的。高成长型小微企业，也就是我们通常认为的美国经济中具有影响力的创新者，其数量相对较少。而一些经济学家认为，只有这类企业才是真正重要的,因此应该构成政府政策的大部分,甚至是唯一的重点。例如,帕格斯利(Pugsley)和赫斯特(Hurst)就在书中写道,鼓励承担风险并支持所有小微企业融资的政策可能会更针对那些期望成长和创新的少数企业。[6] 其他人则更进一步,认为"创业政策的重点应该直接放在鼓励更多技术型初创企业上。"[7]

诚然,这些高成长性创新企业对经济贡献良多。但是,请试想一下:假设有这么一个世界,人们完全认同除高成长创新企业以外,其他小微企业都不重要了。如果决策者能较早地识别出高成长企业,那么他们可能不会浪费时间为其他小微企业颁发执照或支持其启动及发展。经济学方面的观点是,像缅因街商店这样的小微企业不值得政府或市场关注,因为它们失败的概率很高,且容易被其他企业取代,也似乎并没有给经济带来多少好处。

在这个假想的世界里,小微企业及支持其发展的借贷和其他服务将不复存在。如果没有小微企业贷款市场,除了少数专门服务于创新型、高科技产业的风险投资公司外,就不存在任何为小微企业服务的私有融资机构了。经济将由大型企业驱动。大街小巷所有的商店都将是连锁式餐馆或商店。只存留少数高成长类的企业,没有其他类型的独资企业。优步(Uber)司机就是其雇员,小镇律师为大型律师事务所效力。创办属于自己的企业发财致富的道路,被大型公司的初级工作取代。一个没有小微企业的世界,将大大改变我们的社区结构。它会改变我们生活和工作的方式,并将影响美国的形象、文化以及"美国梦"。

这只不过是对发展前景的假想,即便如此,面对这个没有小微企业的世界,普通美国民众也会惴惴不安。人们本来就知道小微企业存在的价值。一项全国调查发现,94% 的消费者认为,"与社区的小微企业有生意往来是很重要的"。[8] 虽然许多人在星巴克和沃尔玛消费,但这一调查也发现,越来越多的受访者表示愿意尝试别的方式,就算花更多钱,也要支持当地的小微企业。

当政客们说"小微企业是美国经济的支柱",或者前 NBA 超级巨星沙奎尔·奥尼尔(Shaquille O'Neal)在出演"小微企业星期六"的广告时,他们所关注的并不是高成长型公司。[9] 他们口中谈论的是街角的杂货店或夫妻经营的咖啡店。可是，这些小微企业在宏观经济模型中竟然如此不重要，难道它们的经济价值是虚构的吗？

小微企业对经济的贡献

通过更深入的观察，我们发现，人们对小微企业的看法在经济现实中有所体现。事实上，小微企业对经济确实很重要。与宏观经济学家不同，微观经济学家从多方面肯定了小微企业对经济大局的贡献。其三个主要论点是：小微企业提供了就业机会，推动了创新，同时也是实现"美国梦"的途径。

行业规模大小以及该行业在就业和创造就业机会方面的重要程度，与上述最基本的论点息息相关。正如诺贝尔经济学奖得主罗伯特·索洛（Robert Solow）指出的那样，就业是经济社会选择分配财富和其他利益的主要方式。[10] 近一半的美国劳动力在小微企业领域就业。截至 2017 年，自主创业或雇员 500 人以下的公司贡献了 5800 万个就业岗位。[11] 此外，从 2000 年到 2017 年，66% 的净新增工作岗位来自小微企业。[12]

从国家政策角度出发，美国小微企业因其就职人数之多，值得密切关注。如果小微企业面临压力开始裁员，那么将会对全国的就业和民众福祉产生巨大的影响。经济大萧条期间就是如此。2008 年第一季度至 2009 年第四季度，570 万个小微企业的就业岗位流失了，占当时岗位损失的 61%。[13] 这种情况下，当时华盛顿的领导层只能仓促应对，想方设法遏制损失。在英国，金融危机凸显了小微企业政策的重要性，尤其是小微企业的融资渠道，被提升到政府议程的中心地位——这一举动也在持续对英国的小微企业和金融科技经济产生积极影响。

一些经济学家和政治理论家认为，小微企业很重要，因为经济局势的稳定性与其息息相关。这种理论在其他国家颇有吸引力。这些国家围绕做大做强小微企业、助力小微企业成长、助推中产阶层繁荣稳定发展，制定国家的中小企业（SME）政策。[14,15] 例如，沙特阿拉伯就在 2017 年创建了一个中小企业基金，在油价下跌的情况下，力求稳定国家经济并为不断壮大的中产阶层提供就业机会。[16]

就算是持怀疑观点者，也普遍认同某些小微企业在创新方面发挥着重要作用。小微企业中的高成长企业以创新型创业家为首，这些人推陈出新，在各大老牌公司和现有市场中引入竞争，使经济不至于变成一潭死水。[17,18] 将这些小微企业取得的专利数量均摊至每位员工身上，得出的数值约是大型公司的 16 倍之多。[19] 在一篇相关的经济文献综述中，米丽娅姆·万·帕拉格（Mirjam Van Praag）和彼得·H.弗斯洛特（Peter H.Versloot）推断，创业者在"增加就业、提高生产力以及带动高质量生产和商业化创新"方面发挥了重要作用。[20] 创业者精神及其相关尝试，是经济发展和事业成就的重要基石。[21]

小微企业及创业者精神也是社会阶层的一个流动途径。调查表明，自主创业增强了代际流动性。[22] 研究发现，在地方经济层面，美国小企业管理局（SBA）为小微企业提供的贷款数额与日后当地人均收入增长之间有正向关联。[23]

长久以来，对于美国新移民而言，小微企业一直是"美国梦"的重要一环，他们往往在抵达美国后不久就开始创业。移民人士为经济注入的活力比他们的人数要多得多。最近的研究显示，在美国受过大学教育的劳动人口中，移民人数只占 17%；但是，美国创业者总数中约四分之一是移民人士，美国的发明创造中也有一半出自移民人士。[24] 考夫曼基金会（Kauffman Foundation）的一项指标表明，1996 年以来，移民人士在创业方面的表现一直很出色。[25] 从 1995 年到 2005 年，硅谷的新公司有 52% 由移民人士创立，比例之高令人震惊。[26]

这是人们为量化小微企业对地方和国家经济的影响所做的一些尝试。尽管如此，我们目前还没有能够充分体现全体小微企业贡献的清晰框架。因此，经济政策可能会大幅度聚焦于税收、研发和促进贸易方面，并且以适配大公司为主，留给小微企业的政策就只有"残羹剩饭"。制定适合小微企业的精准灵活、行之有效的政策值得重视，这将对我们经济的一大组成部分产生积极影响。

何谓"小微企业"

要思考并得出关于小微企业的经济学观点，首先要确定当前讨论的小微企业类型。这样我们就会发现，每一类小微企业都有各自的作用，我们需要从产品需求和政策方针角度，为每一类小微企业分别考虑。为此，我们将小微企业分为四类，并量化每类企业的规模和商业行为。老话说，"先衡量，而后方能执行"。不同的是，这里是"先分类，而后方能准确衡量"。下面的分类会帮助我们衡量并制定政策，对美国不同类型小微企业的资本市场进行评估。

小微企业的四种类型

"小微企业"并没有公认的定义。我们大多数人凭自身经验，对小微企业都会有一个大致概念。经济学家、政府官员、银行家和其他人各自以不同的标准衡量"小微企业"：雇员人数、年营业收入，甚至其贷款规模。经常有人会问这个问题："'小微'指的是什么呢？"

在本书中，除非另有说明，我们都将沿用美国小企业管理局、美国人口普查局、美国劳工统计局和美联储所使用的定义，即"雇员少于 500 人的企业"归为"小微企业"。根据这一定义，美国有 3000 万家小微企业，占美国企业总数的99% 以上。[27]

要了解不同类型的小微企业，可以到缅因州的布伦瑞克走一走。布伦瑞克是典型的美国海岸小镇，镇上主要的招工单位有造船厂、巴斯钢铁厂（通用动力公司所有）和鲍登学院。小镇的工业园区有一批新开业的公司，那里之前是布伦瑞克的海军航空站。园区内，一家企业制造飞机复合材料零件，另一家企业生产保健设备，他们为规模更大的客户提供商品和服务。托尼的"大顶熟食店"开在缅因街，他做的三明治是最好吃的，工业园的企业员工都喜欢去他那儿买午餐。托尼曾有机会就近在波特兰再开一家店，但最后决定放弃。不过，隔壁杰拉托·菲亚斯科冰淇淋店老板的计划更宏大。有了投资者和当地银行提供的成长资金，他们开了一家批发厂，开始将意大利冰淇淋远销到圣地亚哥。

飞机零部件供应商、大顶熟食店和杰拉托·菲亚斯科冰淇淋店都是小微企业，波特兰沿海地区那些快速发展的科技初创企业也是小微企业。虽然它们都是小微企业，但从资本需求和融资方式等许多方面而言，它们又各有不同。有些企业需要资金用于投资设备和建筑，也有像托尼这样只想维持现状的企业，它们需要的可能是能填平运营开支的信贷额度。这些企业都是美国经济的重要成分，要拼凑完整的美国小微企业生态系统的全景图，谁都不可或缺。

美国的约 3000 万家小微企业主要可分为四类：非雇主企业、缅因街企业、供应链企业、高成长企业（图 2-2）。

图 2-2　小微企业的四种类型及美国小微企业数量图表

资料来源：作者根据经济普查数据计算得出。该分析基于 Mercedes Delgado 和 Karen G. Mills, *"A New Categorization of the U.S. Economy: The Role of Supply Chain Industries in Innovation and Economic Performance,"* MIT Sloan Research Paper, *no. 5241-16, December 11, 2018.*[29]

非雇主企业

在美国约 3000 万家小微企业中，大多数小微企业是没有雇员的独资企业，这类企业约有 2400 万家。这些"非雇主"企业包括咨询顾问以及许许多多独立承包商和自由职业者，有拼车司机和油漆工，也有房地产经纪人和美发师。近半数的人自己当老板，将此作为全职工作，而其余的仅将此作为副业。[28] 有些人开办这类公司，目标是要雇用员工并扩大规模，但也有不少人是为了达到其他目的，比如工作时间可以更灵活。对于许多希望额外创收的美国人而言，这类企业可以作为传统工作的补充，颇具魅力。

非雇主企业在美国企业中的占比呈上升趋势。从 2007 年到 2015 年，非雇主企业的数量增加了 13% 以上（图 2-3）。同时，从事类似类型的非传统职业的美国劳动人口的比例从 2005 年的 11% 上升到 2015 年的近 16%。[30] 有了全球即时通信这样的创新，人们更容易在总公司以外的地点办公。创新也推动了"零工经济"的发展，越来越多人利用网络平台寻找独立承揽的工作，比如在优步（Uber）或来福车（Lyft）平台当司机，在 Upwork 或 Handy 平台做自由职业者，甚至可以在网络宠物平台 Wag! 或 Rover 上找份遛狗的工作。[31]

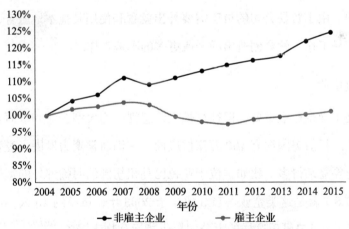

图 2-3 "非雇主企业"与"雇主企业"数量增长对比图

以 2004 年数值为基准，2004 年至 2015 年的增长率

资料来源：作者根据美国人口普查局商业动态统计和非雇主统计数据资料计算得出。

既有全职工作又兼职创业者在很大程度上推动了非雇主企业数量的增长。[32] 至于这种增长是积极的、消极的还是中性的，尚未有定论。大家现在有更多赚钱的机会，兼职的时间往往也更为灵活。不过，这或许也表明了我们经济中存在一个结构性问题，即许多人认为全职工作的工资不够高，额外兼职是有必要的。这其中或许有许多人想把他们的副业发展为全职，但苦于没有资金或技能等相关资源去拓展业务。

缅因街企业

第二大类小微企业就是我们所说的"缅因街企业"。它们包括当地的餐馆、礼品店、汽车维修店，以及其他我们想起"小微企业"时脑海中会浮现出的商店。缅因街企业中的大多数，例如花店和咖啡馆，并不会年年大幅增加员工数量，但整体而言，这些企业为数千万人提供了工作，带来了益处。

通过互联网，一些小公司也能把货物销往全国乃至世界各地。但是，缅因街企业的产品一般都是在当地售卖，这便与我们所说的"贸易"经济公司不同。贸易经济中的商家会往外地销售商品或服务。而地方经济与贸易经济之间是有"倍增"效应的。由于贸易公司的员工需要外出就餐和使用其他本地服务，因此，每新增一项贸易工作，就会创造出两个或更多的本地工作。

供应链企业

第三类小微企业很重要，但往往被人们忽视：为大型企业和政府客户提供服务的小企业。目前美国约有 100 万家供应商，它们通常聚力发展，经营的业务比缅因街企业要复杂得多。比如，位于亚拉巴马州胡佛伯明翰郊外的运输和物流服务公司（TLS）就是这类企业。TLS 成立于 2003 年，员工约 10 人，年销售额为 600 万美元，为可口可乐这样的大公司提供货运和物流服务。

新的研究使我们首次将"供应链行业"与"商对客行业"区分开来。该研究表明，小型供应商提供了 1200 多万个工作岗位，对美国经济非常重要。大多数人认为供应商等同于零件制造商，其实不然，目前提供贸易服务的供应商数量正突飞猛进地增长，这类企业创新多，工资也高[33]（图 2-4）。

	上市的供应链企业	上市的供应链企业（制造类）	上市的供应链企业（服务类）
小微企业数量	1 152 173	160 623	991 550
小微企业就业人数（单位：100万）	12.3	3.6	8.7
小微企业薪资	$61.856	$47.499	$67.865

图2-4 供应链企业的就业人数和薪资（2012年）

资料来源：作者根据2012年经济普查数据计算得出。该分析基于Mercedes Delgado and Karen G. Mills, *"A New Categorization of the U.S. Economy: The Role of Supply Chain Industries in Innovation and Economic Performance,"* MIT Sloan Research Paper, *no. 5241-16, December 11, 2018.*

供应链企业在当地经济增长和发展中发挥着重要作用。集群理论表明，强健的供应链企业能够助力大企业和初创企业的良好发展。企业及为其服务的供应链企业同处一地，会加快经济增长并带来更多创新。因此，一条富有活力的供应链或能成为鼓励企业迁往或留在美国的一个重要因素。[34,35] 例如，2010年在弗吉尼亚州乔治王子城建立的研究和供应商园区，促成了劳斯莱斯在当地开办部分生产线的决定。[36]

高成长企业

这四类小微企业中，占比最小的一类是高成长企业，至少就企业数量而言是如此。美国约有20万家高成长企业，然而，它们在创造就业方面的贡献是超大比例的。麻省理工学院的一项研究显示，超四分之三的新增就业来自5%在马萨诸塞州注册的公司，且这些公司的特性早在刚登记注册时就已有所显露。[37]

大多数高成长小微企业都是从事贸易型工作的，这就意味着这些企业对孵化或落户地的区域经济会产生很大影响。许多城市早已意识到这一点，纷纷出台激励措施吸引这些高成长企业落户。正如一位经济学家所说的，"由于少数有代表性的新公司发展迅猛，且对创造就业方面的贡献占比很大，因此，如何找到一种行之有效的方式来支持它们的发展非常重要"。[38]

· — · · · ● · · — ·

　　这四种小微企业在美国经济中发挥的作用不同，它们的需求也各有不同。缅因街的夫妻小店有着与科创企业不同的融资需求。银行贷款对前者而言最为有利，而后者需要的可能是有耐心的天使投资人或风险资本投资者。像优步司机这样的个体经营者或许需要贷款来买车，而供应链企业或许需要短期预付款，帮助企业在顾客结款前渡过难关。这些需求无法"一刀切"。要建立健全的小微企业资本市场，制定行之有效的政府政策，关键是要知道怎样去满足每一类小微企业的需求。

小微企业数量减少：经济活力长期衰减

　　现在正是小微企业需要我们重视的时刻。几十年以来，小微企业的创办率在不断衰减，当前的趋势不容乐观。研究人员确认了这种形势变化，小微企业是维持美国创新引擎运转的动力来源，他们担忧这种趋势将导致经济"活力"下滑。[39]

　　经济活力意味着新旧思想更迭，新生的、有活力的企业和市场取代现有的企业和市场。这一点经济学家和政策制定者其实早就心中有数。美国的创业精神及创新、发展、变革的能力，一直令世人羡慕。一个充满活力的、健康的经济体系需要持续地创建企业。但是，从 1977 年至 2014 年间，美国经济中新企业的占比下滑了一半以上（图 2-5）。

　　结果就是，美国经济中这关键一环的新增就业趋缓。经济研究表明，新成立的企业和刚创办不久的企业是美国就业增长的主要动力来源。[40, 41] 但在 1994 年至 2015 年期间，新企业年创办量从 50 多万家降到约 40 万家，新企业创造的就业岗位也有所下降（图 2-6）。

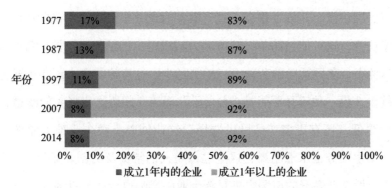

图 2-5　自 1977 年以来，新办企业在企业总量中的占比逐年下降

雇主公司：成立 1 年内的企业和成立 1 年以上的企业。

资料来源：美国人口普查局，商业动态统计，企业特征数据表中的"企业年龄"。

图 2-6　新企业以及新企业就业岗位的下降情况

新企业的年增长量以及成立 1 年内企业创造的就业岗位（1994—2015 年）。

资料来源：美国人口普查局，商业动态统计，公司特征表中"公司年龄"。

　　美国的创新仍赫赫有名，硅谷的科技创业文化也许就是创新的最佳象征。但别忘了，高成长的初创企业数量只占小微企业的一小部分，而非雇主独资企业的数量在不断增长。企业创办率下降有很大可能发生在雇主企业的最大组成部分：缅因街企业。

为何美国小微企业创办量会一直下滑，对此并没有一个明确的说法。[42] 一些经济学家认为，这可能是简单计算劳动力减少得出的结果。[43] 婴儿潮时期出生的一代该退休了，美国适龄的劳动人口越来越少，这意味着会去创办小微企业的人也越来越少。另一种解释可能是"大盒子"商店（超级大卖场）的激增，它们的商品售价更低，还有更多产品可供选择，这让创办小微企业难上加难。医疗费用高昂，学生债务也水涨船高，这些也都是人们常提及的创业障碍。[44, 45] 除此之外，阻碍小微企业融资的市场摩擦对新企业的影响也会明显得多。

美国经济的健康发展取决于小微企业，美国大多数净新增就业岗位都来自小微企业，它们推动了创新，保障了数百万美国人的经济流动性。在某些领域，随着科技对重复性工作岗位的挤压，小微企业将成为吸纳被大公司淘汰的劳动力的一种途径而显得愈发重要。下一章，我们将就如何解决小微企业面临的问题，探讨如今在美国创办、发展小微企业的一个关键方面：融资能力。

3

Fintech,
Small Business & the
American Dream

小微企业与它们的银行：
经济大衰退的影响

2015 年，皮拉尔·古兹曼·萨瓦拉（Pilar Guzman Zavala）有望实现她和丈夫努力多年的目标，为此她要放手一搏。[1] 她必须说服迈阿密 TotalBank 银行董事长乔治·罗塞尔（Jorge Rossell）贷款给她和丈夫胡安，因为他们想要在迈阿密国际机场开一家新餐馆。

皮拉尔把车开到银行的停车场，脑海中回想起自己创业的往事。她要告诉银行，经济大萧条期间，她和丈夫胡安是如何将他们的半月形肉馅卷饼生意从失败的边缘挽救回来的。她要让罗塞尔知道，他们如今何以保持超目标销售，以及他们何以赢得竞标在迈阿密国际机场开设新店。迈阿密国际机场是销售美味肉馅卷饼的完美地点，这简直是天赐良机。然而，就算他们近期在其他地方的发展颇为成功，也有机场的合同在手，但他们的贷款申请一直被拒，其中就有 TotalBank。她仍抱着一线希望，希望这次面见罗塞尔董事长能扭转局势。她穿过大门走到 C套间，进门时深吸了一口气。她提醒自己，无论这次会面的结果如何，她和家人以及他们家企业的情况都比几年前要好得多。

皮拉尔来自墨西哥，她的丈夫胡安来自阿根廷，萨瓦拉夫妇俩都是美国移民。他们在南海滩开了一家时髦的餐馆，售卖半月形肉馅卷饼，期望实现"美国梦"。他们还计划开设外卖业务，希望能创作出"一个新的食物品类"。[2] 为此，皮拉尔和胡安将积蓄投入其中，并向银行贷款以筹措更多的启动资金。

但南海滩的餐馆开业后不久，夫妇俩就意识到他们对外卖市场的判断有误，销售情况不如预期。他们还很倒霉，餐馆开张后没多久，佛罗里达州的房地产市场就因经济危机而崩盘了。他们拼命寻找切实可行的销售模式，努力撑过经济衰退期，却错过了 35 万美元的银行信贷还款期。为了弥补失误，也为了资金周转的灵活度，他们举家注资，还贷 12.5 万美元。不过，他们的还款诚意并没有保住融资。相反，银行终止了萨瓦拉家的信贷额度。

萨瓦拉家把他们所有积蓄连同银行贷款共计 100 万美元，全都投进了生意。几年之后，他们竟然连租金都交不起了。他们两度被人从餐馆赶了出去，甚至有家难回，境况之糟令人难以想象。萨瓦拉夫妇大受打击，不知是否应该继续经营下去。他们相信他们的生意理念依然可行：尽管餐馆的营业以失败告终，不过，他们的肉馅卷饼在露天集市和节庆市场非常畅销，几乎供不应求。

将近四年的时间里，皮拉尔和胡安没有赚到钱，却仍打消了宣告破产的念头。他们调整了经营计划，退掉了餐馆租约，接手了迈阿密大学的一辆餐车。餐车之前的经营者每天勉强挣 100 美元，而萨瓦拉夫妇平均每天能挣 1500 美元。多次试错之后，他们终于成功找到了合适的营业地点。正如皮拉尔所说，"我们重整旗鼓，勒紧腰带，挺了过来，心中仍抱有更大的梦想"。

到 2015 年，皮拉尔去罗塞尔办公室申请扩店贷款时，萨瓦拉家在迈阿密大学已经有了三个店面，除此之外还拿到了迈阿密机场新店的中标书。不过，他们 2008 年以来的信用记录，显然让银行对他们的贷款申请迟疑不决。其实，要不是皮拉尔的指导老师及时牵线搭桥，他们也不会有机会面见罗塞尔。萨瓦拉夫妇是幸运的，罗塞尔透过数字，看到他们的生意其实已经扭亏为盈。于是，罗塞尔决定为萨瓦拉夫妇的新店提供资金。这次罗塞尔赌对了，半月形肉馅卷饼餐馆的营业额从 2014 年的 50 万美元增长到 2017 年的 300 万美元。

类似皮拉尔和胡安这样的故事，也发生在美国各地的许多小微企业主身上。经济形势良好的时候，小微企业贷款已经够困难了，而在经济大萧条期间及之后，许多企业更是几乎贷不到款了。即使他们有好点子，勤劳肯干，也愿意倾尽所有去做企业，很多人也不像萨瓦拉夫妇那么幸运。随着银行信贷冻结，无法追加现金抵御经济动荡的小微企业被逼无奈，只能关门。而继续开门营业的企业往往与皮拉尔和胡安处于相同境地——销售额回升了，但金融危机影响了他们的信用，加上小微企业银行贷款的复苏期漫长，企业难以融资。

2008 年金融危机为美国乃至世界各国政府敲响了警钟，决策者们看到了融资困难对小微企业的影响。人们普遍认同融资对小微企业经济的重要性。自经济大萧条以来，美国的银行信贷市场还从没出现过如此锁闭的情况。其实，小微企业信贷市场在 2006 年至 2007 年间发展强劲，白宫都怀疑政府是否还有必要继续为小微企业贷款提供担保。信贷危机对小微企业的影响是前所未有的，破坏性极大。仅2009 年第一季度，美国就流失了 180 万份小微企业就业岗位，有超过 20 万家小微企业在 2008 年至 2010 年期间倒闭。[3]

在第 2 章中，我们已经知道小微企业在美国经济中的重要性。不过，融资对小微企业到底有多重要，贷不到款的话又会发生什么？本章我们将探讨为何金融危机对小微企业极具破坏力，以便更好地理解一个高效运转的小微企业贷款市场有多么重要。经济学家的研究得出了一条关于经济萧条的经验：对信贷依赖度越高的企业在金融危机中受到的影响就越大。[4] 小微企业在很大程度上依靠银行解决信贷需求。银行冻结贷款时，小微企业便走投无路了。没有所需的流动资金，许多企业不得不关停，于是失业问题进一步加剧，经济危机进一步恶化。

2008 年金融危机是突如其来的，而小微企业信贷市场的修复过程却是缓慢又曲折的。银行资产负债严重，不愿再承担风险。与此同时，经济衰退重挫了许多小微企业的销售和盈利情况。但信贷市场修复难也指向了一个更深层的问题。结构性因素让小微企业融资市场形势产生了永久性的变化，这一点我们将在第 4 章中进行讨论。

为何要关注小微企业的融资问题

经营小微企业，要有过硬的产品或服务、熟练工人、准确的市场和客户、可靠的品牌等。但是，企业一切行为的基础是资金，包括日常运营的周转资金以及投资资金。虽然也有不少新企业的所有者本身具备财力或者有来自朋友和家人的资助，但相当多的人并没有这些资源或不想利用这些资源。那么，能不能通过其他方式（通常是银行贷款）融资，会产生三种不同的结果：立即开业、推迟开业或干脆不开业。

即便开始运营，小公司的销售和利润相较大企业往往也更不稳定，容错余地也更小。摩根大通研究所追踪了 60 多万家企业的日常现金流，最近一项研究显示，小公司的现金储备通常只够维持运营 27 天。[5] 不同行业的现金缓冲中间值差异也很大。例如，像萨瓦拉家这样的餐饮企业只有 16 天的资金缓冲期。这意味着，某个月销售不佳或有意外支出，将会使企业资金周转困难。确保运营资金的信贷额度可以缓解波动，并在需要现金时提供流动性来源。

融资渠道对扩张也很重要。当个体经营者决定雇请第一名员工时，他们可能要花钱注册公司，或置办新办公场所，还少不了要购买一套工资管理系统。当餐馆老板发现市场机会，并从一家店扩张到两家时，他们可能需要新的设备、家具和服务系统。根据 2017 年美联储的小微企业信贷调查，在 2017 年寻求融资的公司中，近 60% 的公司表示它们这样做是为了扩张生意或寻求新机会。[6] 这些公司需要一次性投资，这笔资金往往会超出企业内部可以筹集或企业老板的个人资源可以应付的范畴。在这种情况下，他们不得不转而寻求外部融资渠道。

金融危机

多年来，很少有国家关注小微企业的融资问题。在 2000 年代中期，包括小微企业在内的美国经济似乎都表现良好。多年来，美国经济发展不能说突飞猛进，但也一路保持增长。房价飙升、非标准金融产品和高杠杆的投资银行等导致金融体系中的风险不断积累，这一点很少有金融政策专家能看得明白，更不用说小微企业主了。他们当然没有预见到这一切会崩溃，引发了自经济大萧条以来最严重的经济衰退。

经济大萧条对美国经济的打击面很广，但小微企业受到的打击比其他大多数领域都大。2007 年至 2012 年期间，小微企业雇用了 50% 的私企劳动力，不过净失业人数的 60% 以上也来自小微企业（图 3-1）。

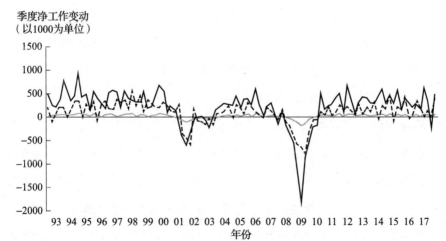

图 3-1　小型企业受经济危机的冲击更大，占失业人数的 60% 以上

按企业规模划分的就业岗位净增或净减情况（按千份工作计）。

资料来源：劳工统计局，商业就业动态，表 E，按企业规模分类的季度净变化（季节性调整）。

在某种程度上，小微企业遭受的打击之所以更大，是因为它们的融资渠道比大公司少。大公司可以通过在资本市场上向投资者发行和出售债券来筹集资金（在经济大萧条时，它们能以历史最低水平的利率来承担债务）。因为大公司往往有更长期、更良好的业绩证明，收入和盈利波动较小，人们会认为贷款给它们要比贷款给小公司的风险要小。此外，它们的借款数额较大，符合债务市场的传统要求。小微企业依赖银行贷款，而当银行陷入困境——经济大萧条时期的银行就是如此，就会放缓（或者骤停）放贷。

在金融危机期间，银行及监管机构意识到，它们账面上大量的抵押贷款和以抵押贷款为基础的金融产品的风险比以前想象的要大得多。随着这些资产的贬值，银行其实已不具备自以为拥有的资本和储备金。为了重新回到管理标准框架，一些银行削减了小微企业贷款的资金配额。美国的四大银行（即美国银行、花旗集团、摩根大通银行和富国银行）大幅缩减对小微企业的贷款，力度相比其他银行而言要大得多。这四大银行的贷款发放量仅有经济危机前的一半，且这种局面一直持续到 2014 年。[7]

此外，大量社区银行在金融危机中倒闭。从 2007 年到 2013 年，美国减少了 800 家银行，其中规模最小的一类银行（即资产小于 5000 万美元的银行）的数量减少了 41%。[8] 社区银行规模虽小，却是小微企业最大的贷款来源，这也进一步摧毁了经济萧条期间小微企业的融资渠道。[9]

经济研究表明，信贷市场起到了"金融加速器"的作用，对于靠银行融资的小微企业来说，其影响在经济增长期和衰退期都被放大了。1994 年一项重要研究表明，当信贷紧缩时，小企业的萎缩程度明显大于大公司。[10] 最近的研究发现，那些对银行融资依赖度越高的企业在银行业危机期间的损失越大。[11] 经济大萧条时，对外部筹资依赖度越高的单位，其员工的失业风险就越大，这与过去数次金融危机的模式一致。实际上，那些无法从银行贷到足够维持运营资金的公司不得不进行裁员。[12] 另一项危机分析发现，在所有靠银行融资的企业中，中小微企业的就业降幅最大，这在某种程度上是因为当原贷款机构出现问题时，更换贷款机构需要一定的成本。[13]

政府应对经济大萧条的措施

到 2009 年 1 月，小微企业贷款市场的危机已展露无遗。雷曼兄弟（Lehman Brothers）破产，银行业骤然进入了动荡期。美国一些最重要的银行每隔几小时就要计算一下资产负债表，看看自己是破产了，还是可以继续运营。小微企业信贷市场被冻结了。新申请的贷款陷入停滞状态，更糟的是，许多小微企业突然接到银行的电话：它们的信贷额度突然被撤销了——许多时候并不是因为这些企业做错了什么。由于无法贷款获得流动资金，小微企业主被迫削减开支，于是扩张计划延后、租金逾期未付、裁员等，这些情况都可能出现。

美国联邦政府知道，小微企业正在困境中苦苦挣扎，却难以对困境的方方面面进行量化。2009 年初，美国经济团队聚在白宫西翼，商讨应对措施。当时的辩论很激烈：是否要强迫银行贷款给小微企业？政府是否应该介入并直接提供贷款？小微企业是否仍有信用可言？政府要承担多大的违约风险才合适？由于缺乏定义"危机状态"所需的确切数据，讨论进行得非常困难。白宫有银行监管数据和季度催缴报告，但没有收集小微企业贷款发放情况的实时数据。[14] 然而，像萨瓦拉家这样因信贷紧缩而走投无路的小微企业的故事不断涌入白宫和国会办公室。

英国财政大臣乔治·奥斯本指出，金融危机期间，他每天都会收到小微企业选民诉说他们深陷困境的信息。[15] 因此，英国政府将小微企业贷款列为优先事项，向四家主要银行提供援助，这四家银行加起来占小微企业贷款总额的 80%

以上。[16] 对美国而言，情况则更为复杂。2008 年，美国政府采取大胆行动，实施了 "问题资产救助计划"（TARP），为避免银行倒闭而向其提供资金。然而，该法规并没有要求要将一定数额的注资用于小微企业贷款并保持有效的信贷额度。虽然有些银行将这笔资金用于给小微企业放贷，但多数银行有它们认为更迫切的用途。2008 年至 2012 年第一季度期间，未结清的小微企业贷款（即 "100 万美元以下的工商业贷款存量"）降低了 17%。[16]

灾难当前，美国其实至少还有一个常被忽视的有利条件：由小企业管理局（SBA）建立的分布广泛的贷款担保网络。小企业管理局与遍布美国的 5000 家银行建立了关系，并具有担保贷款的能力。这是英国及其他许多国家都不具备的强大工具。可是，随着金融危机逐渐达到顶峰，就连小企业管理局担保的贷款基本也陷入停滞，银行回撤，小企业管理局的证券化市场也被冻结。为了应对这种情况，小企业管理局从 2009 年初开始采取积极措施，提高小微企业信贷投放量。[17]

2009 年以前，小企业管理局通常担保贷款额的 75%。2009 年初，国会通过了《美国复苏和再投资法案》（俗称 "刺激法案"）。该法案暂时将担保金提高到贷款额的 90%，降低了贷款方的贷款风险。[18] 此外，该法案几乎减免了小企业管理局的所有费用。这个组合法起效了。有了新的担保，超过 1000 家自 2007 年以来没有向小企业管理局提供过贷款的银行，在此后的六个月里都至少提供了一笔贷款。这一转机帮助许多企业渡过了难关，也使得在 2011 年至 2013 年三年间，由小企业管理局担保的贷款数额年年刷新纪录。[19]

接着，更多法案出台了。2010 年颁布的《小微企业就业法案》里，就有对小微企业额外贷款和税收的扶持政策。政府推出一项名为 "小微企业贷款基金"（SBLF）的计划，向社区银行提供资金，条件是社区银行要增加小微企业贷款。根据美国财政部的数据，"小微企业贷款基金" 共向 281 家社区银行和 51 个社区

发放贷款基金投资 40 亿美元。该计划启动后，这些体系中的小微企业贷款额增长了近 190 亿美元。[20,21]

2011 年 8 月，奥巴马总统在爱荷华州皮奥斯塔的爱荷华东北社区学院与小微企业座谈。其中一位老板明显脸色不悦。他的公司与政府签订了合同，但政府已拖了快一年尚没有付款。就在那次会议上，"快速支付"（QuickPay）计划应运而生。9 月 14 日，白宫指示所有政府机构将联邦政府对小微企业承包商的付款时间从 30 天缩短到 15 天。[22] 这种加快付款的做法是为了增加这些小微企业供应商的现金流动性，并缓解它们在经济衰退后仍然紧张的市场中寻求信贷的需求。这项计划起效了。付款时间缩短了一半，收到快速付款的公司员工就业率走高，虽然在紧张的劳动力市场上这种影响并不那么明显。[23]

"快速支付"的作用

妮科尔·帕克（Necole Parker）是 ELOCEN 集团有限责任公司的创始人和首席执行官。ELOCEN 集团是一家位于华盛顿的建筑和翻新工程管理公司，拥有 47 名员工。该公司与许多联邦政府机构合作，包括美国食品和药物管理局、美国土地管理局和美国总务管理局。在"快速支付"计划启用之前，为确保她的单据能在 30 天内付款，妮科尔要不断与签订合同的官员联系。此外，她还必须经常核对银行账户确保有足够的资金来支付工资。"快速支付"计划将付款周期从 30 天缩短到 15 天，使 ELOCEN 集团在银行有了更有规律性的大量缓冲现金。妮科尔反馈说，有了"快速支付"计划，现金结余情况良好，她才得以说服银行将她的信用额度从 25 万美元提升到 100 万美元。用她的话说，"'快速支付'计划效果惊人，让我们能把更好的服务提供给客户，也惠及了帮助我们履行职能的分包商。"[24]

经济衰退后期小微企业的缓慢复苏

政府的行动有助于刺激小微企业贷款，但经济复苏仍然需要时间。[25] 2010 年就业增长呈现恢复态势，但直到 2014 年中就业量才达到金融危机前的水平[26]（图 3-2）。

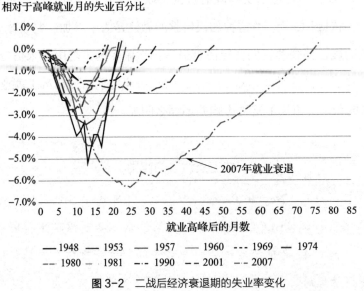

相对于高峰就业月的失业百分比

就业高峰后的月数

| —— 1948 | —— 1953 | —— 1957 | —— 1960 | --- 1969 | —— 1974 |
| --- 1980 | —— 1981 | -·- 1990 | -- 2001 | -·- 2007 |

图 3-2　二战后经济衰退期的失业率变化

资料来源：《当前就业统计》，美国劳工统计局；《美国商业周期扩张和收缩》，美国国家经济研究局；改编自 *Bill McBride, "Update: 'Scariest jobs chart ever,'" Calculated Risk Blog, February 2, 2018.*

同样，与以往的经济衰退相比，贷款市场的恢复也很缓慢（图 3-3）。即使距离经济危机爆发已经八年，美国市场的总贷款量仍低于前七次衰退中任何一次的复苏水平。

危机后的银行贷款情况对小微企业和大型企业来说是不同的。在经济大衰退期间，100 万美元以下的工商企业贷款量大幅下降，直到 2016 年才达到危机前的水平。通常发放给大型企业的大额贷款在经济衰退期间也有所下降，但恢复得更快，并持续快速增长（图 3-4）。

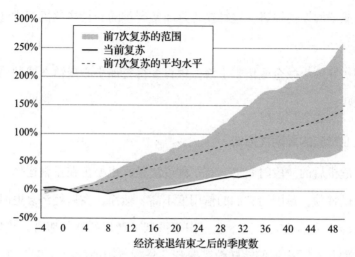

图 3-3　经济衰退之后银行贷款增长情况

资料来源：《美国的金融账户》，美联储；改编自 Steven T. Mnuchin and Craig S. Phillips, *"A Financial System That Creates Economic Opportunities: Banks and Credit Unions,"* U.S. Department of the Treasury, *June 2017.*

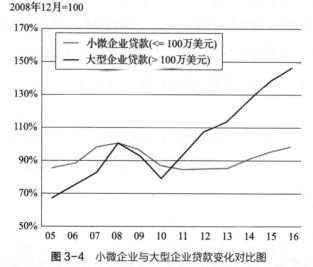

图 3-4　小微企业与大型企业贷款变化对比图

资料来源：美国联邦存款保险公司季度银行概况时间序列数据；改编自 Steven T. Mnuchin and Craig S. Phillips, *"A Financial System That Creates Economic Opportunities: Banks and Credit Unions,"* U.S. Department of the Treasury, *June 2017.*

为何小微企业贷款市场复苏得如此缓慢？金融危机对小微企业及小微企业贷

款机构都造成了周期性损害，这种损害是非常严重的，且在危机正式终结后仍在持续。

这种创伤导致小微企业信誉下滑，银行变得更加小心谨慎，这种局面需要数年才能够扭转。

小微企业贷款的周期性损伤

在金融危机后的一段时间里，有一种说法是，市场正在正常运作：银行不向小微企业提供贷款，是因为它们的信用度不高。然而，在后经济衰退时期，银行家们认为存活下来的所有小微企业主们都得到了他们的贷款服务。[27] 与此同时，小微企业主们却在讲述他们辗转数家银行、贷款遭拒的故事。真实情况可能是，受经济衰退影响，小微企业的贷款需求减少，且银行贷款供应恢复缓慢，二者兼而有之。

借贷的核心一直都很简单：银行在有理由相信贷款会得到偿还的情况下发放贷款。银行在决定是否贷款给小微企业时，会自设很多问题：这家企业是否有机会持续盈利？管理得好吗？企业能否提供抵押品以减少贷款的风险？企业能找到启动或扩张所需的工人吗？企业主是否有成功和按时偿还债务的记录？经济前景是否乐观？

在经济大衰退期间，对这些问题，银行难以给出"是"的答案。其罪魁祸首是周期性问题：收入下降、潜在借款人的抵押品贬值，而且银行在新监管压力之下变得越发小心谨慎。

营收降低

在经济衰退期间，即使是那些原本健康的公司，收入也可能下降。在2008年8月之后的大约四年里，来自小微企业的反馈是，它们最大的问题是销售额令人大失所望。[28] 富国银行／盖洛普小微企业指数显示，从2004年到2008年初，40%~50% 的小微企业收入逐年增长。金融危机发生后，这一指标暴跌至 21%，直到 2014 年下半年才恢复到 40% 以上。[29] 这些收入问题产生了持久的影响。

许多小微企业在经济衰退期举步维艰，即便收入在经济复苏期间有所改善，像萨瓦拉家这样的潜在借贷者，对银行的吸引力也不大。

附带损失

如果银行能够在借款人违约时占有抵押资产，那么贷款的风险就会降低。房屋净值历来在小企业融资中起着重要作用。[30] 不幸的是，金融危机对这种抵押品造成了破坏，这在很大程度上是因为危机是建立在不可持续的房价泡沫上的。一旦泡沫破灭，房屋价值随即大幅下降，数万亿美元的资产价值就此蒸发了。

我们并不清楚有多少小微企业用自己的房屋作为贷款或房屋净值信贷额度（HELOC）的抵押品来为自己融资。2007 年，在美国房价的高峰期，这一比例高达 56%。[31] 然而，2011 年，在经济崩溃之后，美国独立企业联合会（NFIB）的一项调查发现，只有 22% 的小微企业老板从自己的房产中获取权益，并将其用于企业，或将其作为抵押来为企业融资。经济崩溃还导致近四分之一的小企业主的住房抵押贷款资不抵债。[32]

风险规避

2007 年底，银行的资产负债表危如累卵，次级抵押贷款等高风险贷款的破坏性影响记忆犹新，银行开始收紧信贷标准。在 2009 年危机最严重的时候，接受美联储调查的高级信贷员中有超过 70% 的人表示，他们正在收紧信贷标准，包括提高抵押品要求、提前催收贷款、增加新贷款所需的股权业务量，以及提高个人信贷门槛。直到 2010 年，信贷标准仍然保持紧缩，在随后的几年中才慢慢放宽（图 3-5）。

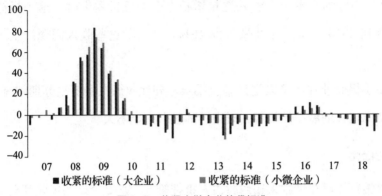

图 3-5　收紧小微企业信贷标准

银行人员反馈的净收紧或放宽贷款条件的季度百分比

资料来源：*"Net Tightening or Loosening of Financial Conditions for Small Businesses,"* Federal Reserve's Senior Loan Officer Survey.

监管过剩

危机后期，小微企业贷款复苏缓慢，究其原因，"过度监管"至少应有一席之地。过度监管导致金融市场压力重重。《多德－弗兰克法案》（Dodd-Frank Act）要求制定上百条新条例和法规，美国监管机构也决定制定其他规则。一项研究发现，经济衰退后的金融监管打压了全美国所有银行发放小额贷款的动力，也降低了资产低于 3 亿美元的银行的生存能力。[33] 自《多德－弗兰克法案》实施以来，大型银行的小额贷款占比下降了 9 个百分点，而小型银行的降幅则是大型银行的两倍。

2016 年两党政策中心（Bipartisan Policy Center）的一份文件指出，虽然危机后的改革总体上保障了金融系统和消费者更加安全，但也导致了意想不到的后果。一些重复制定的不必要法规，甚至会相互冲突，导致企业停止提供某些服务。[34] 人们曾试图量化银行的合规成本。[35] 2016 年，据美国行动论坛（American Action Forum）估算，《多德－弗兰克法案》的最终合规成本超过 360 亿美元，文书工作耗时 7300 万小时。[36]《联邦公报》（Federal Register）公布的估算则要低得多，为104亿美元。[37] 其他对该行业总合规成本的估算也存在很大差异。

　　显而易见的是，加强监管提高了银行成本，放贷成本也随之而涨，这会导致某些金融机构减少或取消对小微企业放贷。监管的压力似乎重重地落在了小型银行身上。2013年的一份资料中，明尼阿波利斯联邦储备银行（Federal Reserve Bank of Minneapolis）指出，那些资产低于5000万美元的最小型银行，由于不得不雇用合规人员，其盈利能力受到的打击最大。[38] 这是显而易见的，因为最小型银行拥有的员工最少，所以多雇用一个人所需的合规工作成本，会比已经拥有健全合规部门的大型银行要高。2016年圣路易斯联邦储备银行（Federal Reserve Bank of St. Louis）的一份资料中披露的证据证实，"资产低于1亿美元银行的合规成本占非利息支出的8%以上，而资产在10亿至100亿美元之间的银行，其合规成本低于非利息支出的3%。"[39]

融资环境有所改善

　　尽管存在一定的问题，信贷市场的发展终究是向好的。2017年美联储的小微企业信贷调查显示，超过46%的受访者表示他们已经收到了申请的所有资金，而此前一年仅为40%，这一数据有所提高[40]（图3–6）。

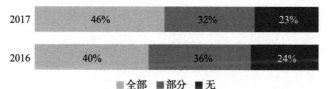

图3–6　小微企业融资情况有所改善
批准的融资金额占申请人的百分比

资料来源：*"2017 Small Business Credit Survey: Report on Employer Firms,"* Federal Reserve Banks, *May 2018.*

注：由于数据四舍五入，因此总和可能不是100%。因采样存在差异，2014年和2015年的调查数据未包括在内。

值得注意的是，这个数字不会接近100%。一些小微企业信誉不足，导致无法拿到其所申请的全额贷款，给它们发放贷款可能对贷款机构和小微企业主本身都互不利好。不过，我们也不希望出现市场缺口，让许多信誉良好的小微企业借款人被拒之门外。

不幸的是，有证据表明，尽管市场环境有所改善，但仍存在信贷缺口。直到2017年，美国银行持有的小微企业贷款资产仍未达到经济衰退前的水平。事实上，到2017年，小微企业贷款占银行所有商业贷款的比例已经下降到约20%，低于危机前的30%以上（图3-7）。

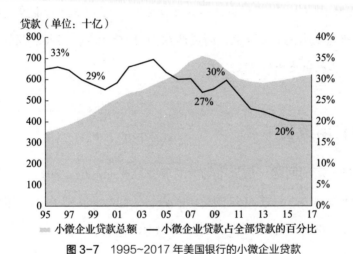

图3-7 1995~2017年美国银行的小微企业贷款

资料来源：作者对美国联邦储蓄保险公司（FDIC）银行业季度报告时间序列数据的分析。
注："小微企业贷款"定义为"100万美元或以下的工商业贷款"。

如果周期性压力已经消退，那么为何银行对小微企业的贷款比例仍然如此之低？其实，小微企业贷款也受到了结构性变化的影响。这些结构性变化在经济大衰退之前就已经开始，并因危机而加剧，且在危机过后仍然存在。在接下来的章节中，我们将探讨银行业结构的这些变化以及金融科技创业者的反应。这些金融科技创业者们已经察觉小微企业主的融资需求尚未得到满足。危机和缓慢的复苏为技术驱动的小微企业贷款革命打开了大门，或许能为像萨瓦拉夫妇这样的小微企业主改变游戏规则。为了理解技术和金融科技创新将产生的影响，我们需要回顾过去40年美国银行业的发展轨迹。由于小微企业资本需求有赖于社区银行，我们还将对社区银行的结构性衰退进行探讨。

阻碍小微企业贷款的
结构性壁垒

里奇广场（Rich Square）位于美国北卡罗来纳州，人口略少于 1000 人。2016 年，人们发现这里已经没有任何银行网点，这还是 100 多年来的头一遭。[1] 2014 年，它附近的罗克索贝尔（Roxobel）唯一的银行网点就已被裁撤，小微企业主汤米·戴维斯（Tommy Davis）不得不驱车单程耗时 25 分钟去银行存款。而戴维斯并不是唯一因此感到不便的小微企业主。这些银行网点是许多农村和城市当地社区及其小型商业生态系统的命脉。

金融危机和随后缓慢的信贷解冻复苏对小企业的影响比许多其他企业更大。但早在危机爆发之前，美国经济中的小企业贷款就出现了令人担忧的迹象。自 20 世纪 80 年代以来，社区银行的数量一直在下降，而社区银行向小企业提供贷款的可能性一直较高。克利夫兰联邦储备银行总结出另一个问题："金融危机和大衰退引发的因素加剧了一个长期趋势。自 20 世纪 90 年代末以来，随着银行进行整合并寻找信贷市场中更有利可图的领域，银行一直在将业务活动从小型企业信贷市场转移。"[2]

在第 3 章中，我们看到：金融危机后期监管加强，给小型银行造成了过重的负担，影响了小微企业的融资渠道。有些人认为，如果这些规定被撤销，小型社区银行将再次蓬勃发展，重新扮演为当地有关联的小微企业提供小额贷款的角色。但是，银行业的结构性变化也是问题的根源之一。因此，解决方案并不仅是放松监管那么简单。

小微企业对社区银行的依赖

社区银行是我们叙事中的一条重要线索，因为它们虽然体量小，却向小微企业提供了超大比例的贷款份额。2017年，社区银行的小微企业贷款批准率为68%，而大型银行为56%。[3] 因此，与大型银行相比，社区银行将更高比例的资产用于小微企业贷款也就不足为奇了。2017年，只持有银行业7%资产的最小型社区银行，却向企业提供了17%的贷款份额[4]（图4-1）。

那么，社区银行的特点是什么？它们与当地小微企业贷款市场的关联举足轻重，原因何在？[5]

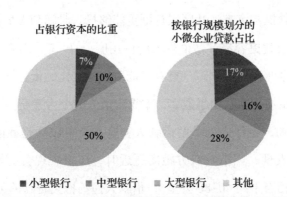

占银行资本的比重 　　按银行规模划分的小微企业贷款占比

■ 小型银行　■ 中型银行　■ 大型银行　■ 其他

图4-1　资产规模小的社区银行提供了大比例的小微企业贷款

资料来源：作者对美国联邦存款保险公司2018年第二季度《存管机构统计报告》的分析。

注：“小型银行”指资产在10亿美元或以下的银行，“中型银行”指资产在10亿至100亿美元之间的银行。“大型银行”指资产超过2500亿美元的银行。“小微企业贷款”指100万美元或以下的工商业贷款。

社区银行的定义

明确“社区银行”的定义有助于我们进行讨论。与“小微企业”一样，目前

"社区银行"并没有一个被普遍认同的定义。这个术语通常指的是：规模较小的银行（资产通常少于10亿美元，但有时能达到100亿美元）；在有限的地域内开展业务，且其业务集中在传统的贷款和存款的银行。

社区银行通常没有大型银行所拥有的资源、地理覆盖面或多样化的产品，不过，社区银行往往对其所服务的社区更为熟悉。

我们来看看社区银行在提供贷款方面可能具有的优势。想象一下，米歇尔已经开了一家冰激凌店，并想在镇上开办第二家店。她在融资时遇到了问题，因为三年前，她曾多次逾期还贷，这对贷款机构来说是个危险的信号。不过，了解米歇尔本人的当地银行人员可能会知道，逾期付款是因为有突发的家庭医疗事件，其他当地人可以为米歇尔的品行和能力作担保，而且米歇尔在其他方面的信用也是无可挑剔的。在这位银行人员心目中，米歇尔的信用度其实要好于用标准公式计算出来的风险数据。

小微企业往往"信息更不透明"，也就是说，它们不像大公司有那么多公开透明的信息供贷款机构审查。社区银行则更能够投入时间和人员，与借款人建立更密切的关系，也就更容易评估借款人的信用度。[6]经济文献表明，大型银行在决定是否向小微企业提供贷款时，更有可能采用标准化的量化标准，而小型银行则更有可能使用定性标准，超越数字，看重申请人的个人素质。[7,8]

聚焦当地市场，更深入地了解借款人，这或许可以算是社区银行的优势之一。有一项研究发现，当借贷双方距离更近时，还贷表现会更好。距离贷款银行25~50英里（相当于约40~80公里），借款人违约拖欠贷款的可能性为10.8%；而距离50英里（约80公里）或以上，借款人违约的可能性达22.1%。[9]

关系型借贷还有其他好处，比如提供贷款监督功能，以及在放贷后为小微企业提供咨询。约有3/4的借款方会向银行或贷款方寻求融资建议，对借款方和贷款方而言，这些持久的关系都很宝贵，前者因此能把企业经营得更成功，后者则可以持续为这些企业提供更多信贷和其他金融服务。[10]研究发现，与没有这种关系的公司相比，与银行保持长期关系的公司在金融危机期间信贷增长更强劲且利率更低，并持续拥有更大量的投资和就业增长。[11]

由于获准率更高，加上注重关系型银行业务，比起大型银行，当地社区银行更有可能会同意小微企业的贷款申请。因此，在客户满意度方面，社区银行会获得更高的评级也就不足为奇了。2016 年，小型银行的满意度为 80%，与信贷联盟和社区发展金融机构（CDFIs）相似。与此同时，大型银行的满意度仅为61%，而在线贷款机构的满意度仅为 46%（图 4-2）。

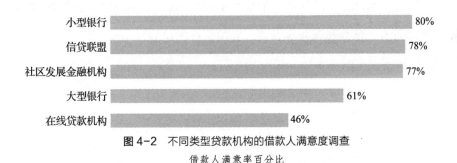

图 4-2　不同类型贷款机构的借款人满意度调查

借款人满意率百分比

资料来源：*"2016 Small Business Credit Survey: Report on Employer Firms,"* Federal Reserve Banks, *April 2017.*

社区银行的衰落

并非每个国家都有为当地小微企业服务的大型社区银行生态系统。为了理解这种系统是何以在美国出现的，我们需要追溯到 200 年前的美利坚合众国早期。自开国以来，许多美国人就对亚历山大·汉密尔顿（Alexander Hamilton）所主张的那种充满活力的政府和强大的金融体系持怀疑态度，并或多或少地站在托马斯·杰斐逊（Thomas Jefferson）一边，后者支持分散管理，形成相对弱小的政府。美国中央银行的发展史就是这场持续冲突的缩影。国会分别在 1791 年和1816 年创建了两家中央银行，但在杰斐逊和杰克逊总统任内，这两家银行的特许状都失效了。第三家中央银行即美联储，也是在 20 世纪初经历了一场艰难且激烈的政治斗争之后才创立的。

因此，美国的银行体系常处于混乱状态，从 1816 年到南北战争期间，州政府特许的"野猫"银行激增，美国的银行业危机也比其他许多西方国家更加频繁。美国银行数量激增，到 19 世纪 90 年代中期，有超过 1 万家商业银行在运营。到 1921 年，美国有超过 3 万家银行，创历史新高。[12] 这些银行绝大多数是小规模的，主要为当地社区服务。

20 世纪 20 年代的农业萧条以及随后的经济大萧条，是 20 世纪二三十年代的一系列衰退的主要诱因，此后美国银行的数量减少到约 1.5 万家，并大致保持在这个数量直到 20 世纪 80 年代。但到 2018 年中期，美国只剩下约 4800 家商业银行。通过倒闭、合并和兼并等方式，美国银行的总数已下降，但是银行业的规模却大大增长了[13]（图 4-3）。

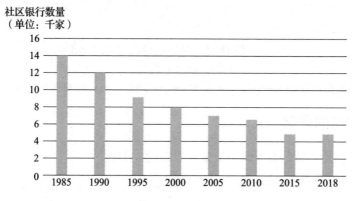

图 4-3 从 1985 年至 2018 年，银行的数量在逐渐减少

资料来源：美联储经济数据，圣路易斯联邦储备银行。

银行体系的资产愈发集中

随着贷款机构数量的减少，美国银行体系的资产越来越集中于少数几家较大的银行。从 1984 年到 2017 年，虽然银行数量下降了 66%，但该行业的总资产从 3.7 万亿美元增长到 17.4 万亿美元。[14] 几乎所有的增量都流向了非社区银行（图4-4）。

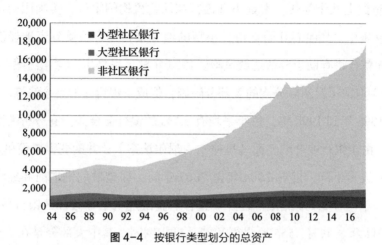

图4-4 按银行类型划分的总资产

资料来源：改编自美国联邦存款保险公司的社区银行研究项目"社区银行业数字解读"，2012年2月16日。

注：有关美国联邦存款保险公司对大型和小型社区银行以及非社区银行的定义，请参见：https://www.fdic.gov/regulations/resources/cbi/report/cbsi-1.pdf。

在这一增长中，最大型的银行占据了绝大部分的份额。四大银行的资产从1984年的2280亿美元（占银行总资产的6%）增长到2011年的6.1万亿美元（占银行总资产的44%）。[15] 最大银行和最小银行之间日益扩大的差距还有另一种体现方式：1984年，非社区银行的平均规模是社区银行的12倍；而到2011年，这个数字已经增长到74倍。

在此期间，社区银行的平均规模也大幅增长。从1984年到2011年，银行执照数量减少的部分，基本上全都是资产低于1亿美元的银行。同时，资产在1亿至10亿美元之间的社区银行的数量略有增加。

整合浪潮

直到20世纪90年代初，美国的大多数州都限制或禁止银行跨州收购或开设分行，少数州甚至限制在本州内开设分行。这些规则是在20世纪20年代制定的，原因是决策者担心规模较大的跨州金融公司监管难度大。因此，美国银行的数量被人为地保持在高位。

20 世纪七八十年代，大量小型银行和储蓄机构倒闭后，美国国会认为银行体系不够集中。[16] 他们开始觉得，小型的地方银行太容易受到当地经济状况的影响，而整合将有助于分散地域风险。1994 年的《里格尔 – 尼尔法案》（Riegle-Neal Act）取消了对州际分支的大部分限制，促成了银行业的整合浪潮。

从 1995 年到 1998 年，每年平均有 5.7% 的银行会合并。有分析表明，这几乎完全是由于银行业并购，而《里格尔 – 尼尔法案》让并购变得更简单。[17] 这一速率此后逐步下降，但在 2004 年至 2007 年间，即金融危机之前和经济良好的时期，每年仍有 3.7% 的银行合并或整合。金融危机也导致社区银行数量减少。1984~2011 年，共有 2555 家银行和储蓄机构倒闭，其中大部分是在 20 世纪 90 年代初的储贷危机期间以及 2008 年金融危机期间倒闭的。[18]

新增的银行执照数量减少

当然，银行倒闭、合并已不是什么新鲜事。然而，以往都会有新的银行介入，填补现有银行退出后留下的部分或全部市场空白。近年来的情况却并非如此。2000~2008 年，美国联邦储蓄保险公司（FDIC）批准了 1000 多份新银行执照的特许申请。[19] 而 2000 年之前，新银行执照特许申请获批数最少的年份是 1942 年，只批准了 15 份申请。[20] 不过，从 2009 年到 2016 年，FDIC 总共只批准了 5 份申请[21]（图 4–5）。

申请和批准速度缓慢的一个原因是，自金融危机以来，FDIC 和其他监管机构变得更加谨慎。2000~2008 年间获得特许的新银行在财务上更是不堪一击，破产率也高于更为成熟的小银行。[22] 2008 年金融危机后，监管机构要求银行提高资本金水平，以提高银行安全性。许多准银行家认为，申请流程过于困难，监管过于繁重。FDIC 已采取措施简化申请流程，利率上升也促使申请数量略有增加，不过，新银行的申请数量仍处于历史低位。

新颁发的特许执照数量

图 4-5　新银行成立的速度下降

资料来源：美国联邦储蓄保险公司统计数据一览表"历史趋势"。改编自 Kelsey Reichow, *"Small-Business Lending Languishes as Community Banking Weakens,"* Dallas Fed Economic Letter 12, no. 3, February 2017.

低利率的影响

影响小型银行竞争能力的因素或许不仅仅是规模经济。美国联邦存款保险公司前主席马丁·格伦伯格（Martin Gruenberg）等人将新银行的匮乏归咎于长期经济状况，称"低利率和狭窄的净息差使银行利润率远低于危机前水平，因此开设新银行相对没有吸引力。"[23]

这一观点铁证如山。持续处于历史低位的利率对银行构成了挑战，尤其是社区银行，因其比大型银行更加依赖贷款利息收入。自 20 世纪 80 年代初以来，净利息收入占社区银行资产的百分比一直在下降。[24] 1998~2011 年，对比社区银行，大型银行在有效创收方面的优势显著拉大，这主要是由于利息收入减少。[25] 此外，低利率限制了社区银行能够向储户支付更高利率的传统优势。

银行整合困扰小微企业贷款

银行合并，社区银行消失，这一直困扰着许多小微企业主。前文提到的北卡罗来纳州的小微企业主汤米·戴维斯，在当地社区银行停业后，撤掉了他在科莱恩的全国保险事务所，搬去 25 英里外一个更大的城镇。在汤米看来，这"对一个小镇而言就是死路一条，因为银行是所有活动的中心"。[26]

经济学家发现，社区银行停业会对当地小微企业的信贷供应产生长期的负面影响。[27]有趣的是，尽管有新银行开业，这种下降趋势仍会持续。这表明了特定贷款人关系以及当地信息资料对小微企业借贷的重要性。这些信息资料通常会保存在当地银行分行人事及贷款系统中，如果大型银行雇用了不同的工作人员，或采用了更加自动化的贷款系统，这些信息资料可能会不复存在或变得无关痛痒。特别值得关注的是，调查结果显示，这对小微企业贷款产生的负面影响集中在低收入社区和少数族裔较多的社区。因为在这些社区中，当地人际关系可能是借贷决策中更为关键的考量因素之一。[28]

关系借贷与大型银行

银行规模扩大，通常就会有更多分支机构，地域上会比社区银行更分散，需要协调更多员工。正因为如此，大型银行需要明确的规则，以保证信贷员的努力方向一致，并产出一致的成果。[29]

大型银行，尤其是资产超过 100 亿美元的银行，采用"模板化"放贷方式的可能性更大，依靠标准化数据对借款人进行评判，比如借款人的 FICO (Fair Isaac Corporation，美国个人消费信用评估公司) 信用评分和财务报表等。大型银行认为关系型借贷不好管理，很难在贷款决策中纳入"软性"或主观信息，比如借款人的性格。[30]此外，大型银行在发展符合小微企业需求的定制贷款业务方面往往缺乏创造性。根据 2017 年 FDIC 小微企业贷款调查，大型银行使用标准化小微企业贷款产品的概率有 65%，而小型银行只有 9%。[31]

随着社区银行数量的减少，以及大型银行创建更自动化、标准化的贷款决策和贷款模式，人们担心会出现更多的市场壁垒和摩擦。规模最小以及最新开办的企业，尤其是那些没有太多财务信息的企业，或以往曾出现过财务问题的企业，将可能很难通过传统渠道融资。越来越多借贷人会发现，银行只会用僵硬的公式来评判他们，而他们也无法为自己申辩。这大大增加了信誉良好的借贷人被忽视的可能性，进一步扩大了小微企业贷款市场的缺口。

未来的挑战是，如何继续采集软性因素，同时提高自动化程度并降低成本。关系贷款成本高昂，且往往对最小额贷款的影响最大。目前有一种解决方案是，通过寻找新数据来"强化"软信息，为传统的自动贷款公式带来更多维度。我们将在后面的章节中探讨这些新的数据来源和见解；不过，目前尚不清楚这些操作是否能够完全替代关系贷款。

小微企业贷款较为薄利

另一个严重的结构性问题是，对银行来说，小微企业贷款的利润要低于许多其他业务。主要是因为传统的小微企业贷款承销方式存在困难及其成本问题，而且由于小微企业贷款的二级市场并不健全，银行很难从资产负债表中将小微企业贷款剥离出去。

有关小微企业借款人的信息很重要，因为与大型企业相比，小微企业贷款的风险会更大。小微企业往往对经济波动更敏感，失败率更高，而且通常没有多少资产可以用作抵押品。

但是，正如我们所讨论的，小微企业的确凿信息普遍不好获取，因为人们很难掌握并预测其经营业绩、财务状况和增长前景。大多数小微企业几乎没有公开的业绩信息，因为它们很少发行公开交易的股权或债务证券。许多小微业主缺乏经验或忙于经营事务，可能会出现资产负债表不够详尽、税收申报避重就轻或收入报表不够完善的情况。这些雾里看花的信息资料使得贷款机构想要区分借款人的信誉好坏更是难上加难。

贷款核销成本与贷款规模不成比例，这是影响小微企业贷款的另一个不利因素。换句话说，银行处理一笔 10 万美元贷款的成本与处理一笔 100 万美元贷款的成本差不多。这意味着小额贷款对银行来说利润更低。因此，银行不太可能低额放贷。

银行的对策之一是抽离小微企业贷款业务，专注于更有利可图的其他业务。已经有一些银行减少或取消了低于一定门槛（通常是 10 万美元）的贷款，还有些银行不会向年营业收入低于 200 万美元的小微企业提供贷款。通常情况下，最大型的银行会将小微企业信用卡产品推荐给小于一定规模的企业，而对借款人而言，这些产品往往较为昂贵。

大部分小微企业贷款不易售出

出售部分贷款组合，这是银行降低风险敞口并增加可用于放贷资金的一个方法。银行经常通过贷款证券化来抛售。这就需要将贷款产品捆绑成一个可以在二级市场上出售的单一证券。这在抵押贷款中很常见，因为大多数抵押贷款都是用标准化格式承销的，捆绑起来更简单。

其实，一直以来小微企业贷款的二级市场基本上并不存在。小微企业贷款不易标准化，因为小微企业的档案文件形式各异，不同市场给予小微企业的条款也各不相同。此外，市场普遍缺乏其业绩的相关数据。不过，由小企业管理局（SBA）7（a）计划发放的贷款是一个例外。这些贷款是在政府担保下出售的。有史以来，约有 40%~45% 的小企业管理局贷款是证券化的。

为小微企业贷款创建二级市场并不是一个新的构想。20 世纪 90 年代，美国国会就曾考虑成立一个类似于"房利美"和"房地美"的政府机构来促成证券化交易。[32]1994 年，国会采用了其他方法，减少小微企业贷款证券化的壁垒，但这些调整最终收效甚微。[33]

如果关于小微企业信用的准确数据可以被标准化并获得广泛使用，小微企业贷款证券化也将更为普遍，资本将更具流动性和可获得性，小微企业贷款也将整体受益。这或许指日可待。目前已经出现了一种被称为"点对点贷款"的新型金融科技，可以将投资者与借款人进行匹配，每笔贷款的细节都会在网上发布。贷款机构允许银行在发放贷款后购买单独或打包的小微企业贷款，并将信息保留在资产负债表上。

即使充分披露了相关贷款细节，许多人仍对小微企业贷款的异质性以及准确评估打包部分或投资组合风险的能力感到担忧。这些问题连同其他因素意味着，新的二级市场起步会比较缓慢。不过，随着指标驱动型贷款的发展，最终识别并描述"风险池"的能力可能会改善小微企业贷款的组合打包和定价方式，让交易更加顺畅无阻。

小微企业寻求融资的成本高且费力劳心

由于这些结构性因素，即使是有资质的小微企业也很难找到愿意贷款给它们的机构。据成功申请到银行贷款者所说，他们等待了一周或更长时间，资金才被批准并转入他们的账户。纽约美国联邦储备银行（Federal Reserve Bank of New York）调查发现，为申请银行贷款，小微企业在 2013 年平均耗费超过 25 个小时在文书工作上，而且申办过程中还要与多家银行进行接触。[34] 一些银行甚至拒绝向它们认为风险特别大的特定行业（如餐饮业）的企业提供贷款。

社区银行数量减少，作用减弱，使得小微企业寻找并获得银行贷款变得更加耗时，成本也更高。同时，小微企业贷款的盈利空间不大，加上缺乏关于小微企业借款人的准确数据，所以其他银行不会介入，去填补传统社区银行的角色。在这种环境下，所有人都感到沮丧：小微企业常常觉得银行不再了解它们，也不关心它们的业务；银行家们对危机后期的监管制度颇有怨言，成本高昂且令人费解的合规要求让他们倍感压力。

过往已矣，我们要着眼未来，这才是解决之道。美国银行业的结构性变化不太可能自行逆转，即便监管环境有所优化（第 10 章和第 11 章探讨了当前监管环

境的缺陷，并提出了"更智能"的监管结构性原则）。我们无法很快重新回到拥有
1.5 万家银行（其中大多数银行归当地社区所有并由其运营）的市场环境中。

不过，要解决这个问题还有其他办法。我们知道，小微企业需要融资来经营
和发展业务，而银行对这类贷款愈发懈怠。但不要光看到银行置之不理，就认为
这类贷款无利可图。本书第 6 章和第 7 章聚焦于技术如何改变借贷动态。金融科
技企业家已经找到创新型解决方案，打破长久以来给小企业信贷市场带来压力的
一些结构性壁垒。

不过，我们首先要搞清楚，要解决的问题到底是什么？下一章我们会探讨小
微企业的需求，包括它们需要的贷款规模和类型，并指出当前贷款市场未能提供
的服务缺口。

5

Fintech,
Small Business & the
American Dream

小微企业的需求

金融危机提醒我们，资本是小微企业赖以成长和创造就业机会的动力来源。小微企业最常见的资金来源是留存收益和企业主的个人资源。不过，银行信贷是许多企业（特别是缅因街企业）的重要外部资金来源。经济大衰退导致通过银行融资变得更加困难。在大衰退之后，公众对银行能否以足够快的速度增加小微企业贷款展开了激烈的辩论。2014 年，这场辩论并展得如火如荼——小微企业融资真的存在缺口吗？

这个问题并不容易回答，因为我们缺乏有关美国小微企业贷款的可靠数据。没有人追踪过小微企业贷款的总体情况，更不用说贷款细节了。当然，银行有自己贷款业务的原始数据，但这些数据并不是作为美国联邦存款保险公司催缴报告或其他监管活动的一部分收集的。联邦存款保险公司确实收集了银行资产负债表上的贷款存量数据，但这个数据是新增和偿还贷款的净值，新贷款的流向可能会被掩盖。调查结果（特别是美联储的调查结果），以及来自小企业管理局的贷款数据，和根据《社区再投资法》的要求上报的贷款数据，都是有用的数据来源。然而，这些数据并不能说明全部情况。

要制定恰当的政策，就需要掌握小微企业贷款发放的实时数据信息。包括英国在内的其他国家认为这些数据对制定小微企业政策至关重要，已经成功采集了相关数据。《多德－弗兰克法案》其中一项条款（第 1071 条）规定要收集这些数据资料，并将这一责任委托给消费者金融保护局（CFPB）。然而，该条款尚未实施。

根据目前掌握的最全面的数据，情况不容乐观。在市场缓慢复苏的几年里，小微企业贷款中的小额贷款业务存在市场缺口。银行一般将"小额贷款"定义为"25 万美元以下的贷款"，而市场缺口最大的是"10 万美元以下的贷款"。[1]超过这些门槛的贷款，甚至是超过 100 万美元的贷款，竞争都非常激烈。为了快速发展，像 Zions、Regions 和 Key Bank 这样的区域性银行瞄准的是 50 万到 500 万美元的贷款。银行发现，提供较大数额贷款给从经济衰退中复苏的那些运营良好的小微企业，或是希望购买设备或筹备扩张的小微企业，是有利可图的。传统贷款模式对这类贷款是起效的，银行人员会维护客户关系，并提供建议和额外的银行服务。

可是，那些信誉良好、想要小额信贷或想用 2 万美元购买一辆面包车的缅因街企业要怎么办呢？银行迫使这些客户使用商业信用卡，或者干脆拒绝为他们提供服务。这个问题很严重，因为大多数小微企业想要的就是小额贷款。因此，在经济复苏的许多年里，规模最小的企业在获取银行资金方面遇到的困难更多，部分原因是这些企业寻求的是最小额贷款。我们将在第 6 章里讲到，这种需求一直未被满足，所以该行业被新的金融科技颠覆的时机已经成熟。

小额贷款缺口

有多少小微企业在寻求外部融资，又有多少企业想要的是小额贷款？我们掌握的有限数据资料说明了不同的情况。[2] Javelin 研究公司 2016 年的一份报告显示，只有大约八分之一的小微企业计划在下一年申请贷款。[3]与此同时，2017年美联储小微企业信贷调查显示，40%的小企业在过去12个月内申请了信贷。[4]

不过，关于小微企业所需的贷款规模，我们确实掌握了更全面的数据资料。来自雇主公司的小微企业贷款申请中，有四分之三是小额贷款（即25万美元以下的贷款），10万美元以下的贷款超过半数（图5-1）。

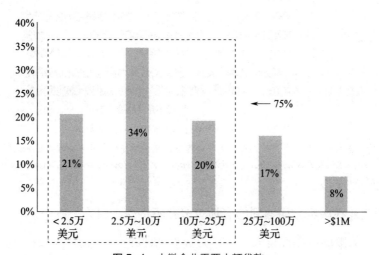

图5-1　小微企业需要小额贷款

按贷款规模划分的小微企业贷款申请数量百分比

资料来源：*"2017 Small Business Credit Survey: Report on Employer Firms,"* Federal Reserve Banks, *May 2018.*

这意味着75%向银行申请贷款的小微企业主，在很多情况下，他们想要的产品银行并不提供，或者无法以可盈利的方式提供。正如我们前文提到的，发放小额贷款与发放大额贷款一样，需要花费的时间和精力一样，甚至更多。小额贷款的手续费和利息收入较低，而风险往往较高。银行为这些小额需求发放信用卡确实可以赚到钱，因为这类信用卡的手续费往往较高，而且信用审批过程是自动化的。但对小微企业主来说，信用卡通常比贷款收费更高，而且不是所有的支出都可以用卡支付，在许多情况下，信用卡并不是最佳解决方案。

最小型企业最窘迫

融资对规模最小的企业是最为困难的。2015 年，年收入低于 10 万美元的微型企业的贷款批准率是所有企业中最低的。申请贷款的微型企业约有三分之二的时间都处于资金短缺的困境，而年收入超过 1000 万美元的企业出现资金短缺的时间不到三分之一（图 5-2）。

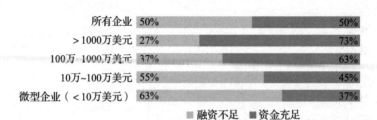

所有企业 50% | 50%
＞1000万美元 27% | 73%
100万 1000万美元 37% | 63%
10万~100万美元 55% | 45%
微型企业（＜10万美元）63% | 37%

■ 融资不足　■ 资金充足

图 5-2　微型企业未被满足的需求占比最大

得到全额融资的贷款申请人与得到部分融资或完全融资的贷款申请人的百分比图

资料来源：*"2015 Small Business Credit Survey: Report on Employer Firms,"* Federal Reserve Banks, *March 2016.*

微型企业在融资方面遇到的麻烦更多并不奇怪，因为一般来说，企业越小，风险越大，失败的可能性越大，可作为贷款抵押的资产也越少。最小的企业在信息上也是最不透明的。它们往往没有完整的财务报表，缴税时也会少报利润。为提交申请银行贷款所需的全部资料，小企业的收集整理过程可能会漫长而曲折。但是，成果却又往往不足以令人信服——小企业主可能很擅长做生意，但在财务分析和陈述展示方面经验不足。

美联储的数据显示，即使控制信用评分，小规模企业也很难获得贷款。2016年，在"低信用风险"类企业中，收入低于 100 万美元的企业比收入高于 100 万美元的企业的贷款批准率低 10%。在"高信用风险"类企业中，小微企业的贷款批准率则低了 20%。[5]

有了这些背景知识，我们再回头来看看这个问题：规模最小的企业在获取小额贷款方面的缺口有多大？值得注意的是，年收入低于 25 万美元的企业中，80% 的企业希望获得低于 10 万美元的贷款。[6] 因此，这一大批规模非常小的企业——也就是那些信息更不透明、风险往往更大的企业——希望银行提供最小额的、最没有吸引力的贷款。

初创企业与现有企业的对比

对于较年轻、较不成熟的公司来说，融资也是一个问题。2016 年，成立不到两年的公司（在美联储的调查报告中被视为"初创企业"），约有一半申请了外部融资，而成立五年以上的公司则有 42% 申请外部融资。[7] 这些初创企业的融资难度更大。有 58% 的初创企业反映，称其在 2016 年面临信贷难的问题，而成立 5 年以上的公司中，只有 39% 会面临同样的问题。成立 5 年以上的公司中，几乎一半的公司拿到了申请的所有融资，而成立 5 年以下的公司则只有大约三分之一拿到了融资（图 5–3）。

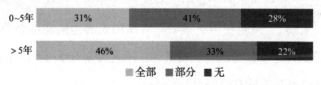

图 5-3　企业申请到的融资总额对比图（按企业年龄划分）

占申请数量百分比

资料来源："2016 Small Business Credit Survey: Report on Startup Firms," Federal Reserve Banks, August 2017.

银行贷款决策的依据是小微企业主自身的信誉，这对初创企业而言更是一道难关。根据美联储的调查，成立不到两年的小微企业中，有 92% 单纯依靠企业所有者个人的信用评分来进行外部融资，而成立五年以上的小企业中，这一比例为 84%。小额贷款及新企业贷款的市场摩擦可能是经济大衰退后初创企业面临压力的原因之一，而这也是美国想要创造就业机会和盘活经济动力面临的重要问题。

小微企业为何要融资

我们已经对小微企业贷款市场中发挥作用的供应方进行了分析，那么需求方的情况又如何呢？小微企业的需求是什么，融资目的是什么，满足需求的产品是什么样的？回顾一下，小微企业主要有四种类型，比如缅因街企业与新兴的科技初创企业，不同类型企业的增长目标会有所不同。即使是同类型的小微企业，需求也有差异。在第2章中，我们向大家介绍了一家名叫杰拉托·菲亚斯科的冰淇淋店，店主有大规模的扩店计划，而隔壁托尼开的大顶熟食店，店主满足于只开一家店。因此，各自的商业计划决定了他们的贷款类型不同，金额不同，贷款时长不同，贷款目的也不同。

人们可能会认为，办理小微企业贷款最常见的原因是创业。由于贷款机构的阻力，获得贷款的新企业家在很大程度上依靠的是个人资产的杠杆作用，抵押房屋净值贷款或信用额度。更常见的做法是，提取积蓄，刷信用卡，或向朋友和家人借钱。[8]在成立不到两年的企业中，有超过三分之二的企业是动用一人或多人的资金创办起来的。[9]风险投资对某些具有高增长潜力的初创企业至关重要，这些企业需要更多的资金和高风险的投资者，不过，对于大多数其他类型的新公司来说，风险投资则几乎没有光顾过。

正如我们之前讨论过的，在这本书中，我们关注的是寻求贷款的小微企业，而不是股权资本。我们主要关注的是缅因街企业、供应商和独资经营者的需求。在这些寻求贷款的企业中，最常见的目的是扩大规模——无论是要开设新店，或是现有门店要雇用更多员工，还是要购买一台新机器来扩大生产（图5-4）。

小微企业寻求贷款的最常见的第二个用途是运营费用。回顾一下，小微企业的现金流不稳定，而且往往对未来的现金需求没有清晰的认知。它们的现金缓冲期平均不到一个月。因此，许多小微企业依靠贷款或信贷额度来应对月度或季节性的不平衡波动。琳达·帕甘（Linda Pagan）是一位成功的商家，在曼哈顿经营着一家女帽店，她发现生意不景气的时期极具挑战性，她称之为"恐怖三连环"。[10] 琳达并不是唯一对店铺的现金波动感到焦虑的人。小微企业主需要流动资金和资本来渡过难关，这是技术可以突破从而改变游戏规则的沃土。在第 8 章，我们将探讨其中的一些可能性。

贷款借入资金用途	小微企业百分比
扩大业务/新商机	59%
运营费用	43%
再融资	26%
其他	9%

图 5-4 小微企业利用贷款发展业务
占被调查小微企业总数的百分比

资料来源："*2017 Small Business Credit Survey: Report on Employer Firms,*" Federal Reserve Banks, *May 2018.*

注：许多小微企业表示，贷款借入资金不只一种用途，因而这些数据加起来超过 100%。

大城市里的乡村小店

琳达·帕甘在纽约市经营帽子店近 24 年了。她的 NYC 帽店位于下曼哈顿区的 SoHo，售有适合盛大场合的特色定制帽，也有冬季保暖、夏季防晒等日常用途的帽子。琳达信任本地供应商，合作商通常都是当地的其他小企业。她从皇后区采购羽毛，制作帽子用的丝带和绢花来自第 37 大道的第四代公司，而位于格兰街的地下工作室则负责用帽楦使帽子成型。

琳达是她所在社区小微企业的捍卫者。2009 年，SoHo 区涌入了许多大型商店，促使她组织所在街区成立了一个独立企业主协会。2016 年，格林尼治村历史保护协会（Greenwich Village Society of Historic Preservation）将该地区指定为沙利文 – 汤普森历史区（Sullivan-Thompson Historic District），保护该街区独特的自营小商号和历史意趣。

但是，尽管琳达有建立忠实客户群的诀窍，而且她的帽子质量也很好，但她仍会担心销售冷淡的月份（通常是 1 月到 3 月），到时现金流可能会变得紧张。她将这种淡季称为"恐怖三连环"。圣诞节过后，她商店的销售额会有季节性的下滑。同时，从假期开始就要缴纳销售税，而 3 月份之前，她要为即将到来的肯塔基赛马会这个繁忙的销售旺季储备库存。

2016 年对琳达来说是特别艰难的一年。资金紧张，销售额下降。不过，琳达没有动用自己的存款，而是从在线贷款机构 OnDeck 获得了贷款。贷款过程很简便：琳达向 OnDeck 提供了她的银行对账单和商业单据，很快就收到了一笔 3 万美元的贷款。最后，她在肯塔基赛马会创下了该店历史最好业绩，并按期连本带利（利息 2000 美元）还了款。

客户与产品的契合——什么样的贷款才合适？

不光要拿到融资，确保小微企业拿到的融资产品适合其需求同样重要。这就意味着，要确保小微企业可以接触到价格和限期都合理的融资产品。这种客户与产品的契合对于运作良好的小微企业信贷市场至关重要。

例如，要在几个月内还款的短期贷款就非常适合季节性企业或要为节假日或特定时节购买大量库存的公司。还款期限较长的多年期贷款更适合目的为购买设备或不动产的融资，因为购买这些设备或不动产通常是为了增加长期收入，而这些收入将被用来偿还贷款。如果拿短期贷款来购买设备，可能在企业收入增加到足以偿还之前，贷款就到期了。这就可能导致企业拖欠贷款，或需要再次融资，而每次再融资都要支付额外费用。确保每个小微企业获得合适的贷款，不论对借方还是贷方都是双赢的。

目前可供小微企业选择的融资类型主要有以下几种：

定期贷款，即按规定期限还贷。这种贷款通常被小微企业用来购买设备或不动产。

银行信贷额度，是可供企业立即提取的流动资金，可以用来稳定现金流。

商户现金预支（MCAs），可以让商家（通常是结账可以使用借记卡和信用卡的零售商）一次性预支现金。贷款机构将从商家未来的销售额中抽取一定比例来偿还贷款。

应收账款融资，允许小微企业将其部分应收账款出售或抵押给第三方。相应地，企业可以立即得到一笔折扣后的应收账款总额的现金。这个折扣弥补了由第三方承担的可能无法收回全部应收账款的风险。

商业信用卡，这种融资形式通常可获得性最强，但它们的利率很高，而且不是永久性融资，因此对于有持续营运资金需求的企业，或不会立即产生收入的大型一次性采购而言，这种融资并不理想。

对于一些没有信贷扶持就无法从贷款机构那里获得融资的申请人来说，小企业管理局贷款是一种选择。在这种情况下，小企业管理局对由授权贷方提供的贷款进行部分担保。这种担保降低了贷款风险，银行因借款人违约而承担的风险也更小。这激励了贷方提供融资的积极性。由于女性和少数族裔持有的企业在信贷方面会比其他人更困难，因此，小企业管理局在这类贷款方面的指数过高也就不足为奇了。[11]

小微企业主该怎样识别合适的贷款产品呢？以往，认识小微企业主的当地银行人员会提供帮助，确保客户与产品匹配。在对小微企业的未来规划和发展前景进行探讨的过程中，银行人员会了解到企业的财务状况，评估贷款收益的用途，并对这项工作能否成功做出判断。这种互动可以让银行人员做出有依据的信贷决策，而客户也得到了关于恰当的贷款产品的意见和建议。

社区银行人员的数量越来越少，将来谁会去确保客户与贷款产品相契合呢？在借贷关系中，双方的利益应该是一致的。对于贷款机构而言，给借款人一笔昂贵到其没有能力偿还的贷款，或者一笔贷款期限错配的贷款，都不是好办法。保持借款人与满足其需求的贷款产品之间的最佳匹配，是未来小微企业贷款市场的挑战之一。

填补缺口

在对"小微企业想要什么"有一个较好的认识之后，我们来探讨"谁来实现它"的问题。当银行从小额贷款和小微企业贷款业务中抽身离场时，带着创造性解决方案的企业家们登场了，起码填补了某些市场空白。2010年左右，新的金融科技参与者在小微企业贷款领域应运而生，以技术驱动的方式解决了贷款市场的某些问题。

起初，最显而易见的创新是"数字优先"的方法，即贷款流程在网上而不是在银行完成。新的贷款机构采用了更简便的信贷申请流程，并用算法做出快速、低成本的贷款决策。这种新的信贷审批流程使用的数据更具关联性和时效性，来自小微企业本身的银行账户和其他金融活动，这样就可以在是否提供信贷方面做出更精细入微的决定。

最重要的是，他们为小微企业创造了更好的用户体验。小微企业不需要再复印一大堆文件，辗转数家银行申请贷款，还要等上数周才能得到答复。如今，在线申请可以在几分钟内完成，在几分钟或几小时内就可以得到答复，资金将在一天内存入他们的账户。一直困扰着小微企业贷款市场的一些不愉快的摩擦就这样被解决了。

起初，这些创新者得到了小微企业的积极回应。2015 年，美联储的小微企业信贷调查发现，在接受调查的小企业中，超过半数表示银行贷款的申请流程难以应付，他们对此表示不满，而只有五分之一的企业对在线贷款机构持同样的看法。近半数对等待银行信贷决策的时间过长表示不满，而对在线贷款机构持同样看法的，只有约五分之一（图 5-5）。

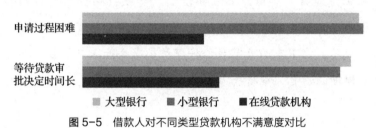

图 5-5　借款人对不同类型贷款机构不满意度对比

资料来源：*"2015 Small Business Credit Survey: Report on Employer Firms,"* Federal Reserve Banks, *March 2016.*

这为小微企业贷款创新周期搭建了舞台。最后，在经历了漫长的时间和许多挫折之后，小企业和那些寻求小额贷款的人认为，他们很快就会有很多选择，可以轻松获得满足他们需求的资金。创新者运用技术，将以有利于借款人和整体经济的方式填补小微企业贷款的市场空白。

技术的确能够解决我们所知的一些市场摩擦，并能以更低的成本和更好的用户体验为信用度更高的借款人提供贷款。随着数据可用性的提升，贷方应该能够更好地鉴别小型企业的财务前景，并且由于贷方系统自动化，节省了大量人工成本，小额贷款业务也可盈利。这能让市场运转更有效，应该可以更好地让信誉度高的小微企业与意向贷款机构良好匹配，从而缩小小额贷款缺口。当然，就像许多破坏性循环一样，故事并不像"他们从此过上了幸福的生活"这么简单。

本书第二部分对已经开始改变小微企业贷款市场的金融科技创新周期进行了探讨。初期取得了一些成功之后，新的金融技术企业家面对的强大竞争对手有亚马逊等大型技术公司，也有不愿被拒之门外的银行和传统贷款机构。对于小微企业而言，最终的结果仍在不断演变。创新增加，当下及未来都将有更多的产品来满足用户的需求。此外，人工智能将为小微企业主和他们的贷款机构提供新的见解。不过，因为未来市场的监管体系还未跟上技术带来的变化，人工智能也会带来风险。接下来的章节我们将探讨小微企业未来的贷款环境，以及随着周期的演变，谁将成为赢家，谁又会是输家。

第二部分

金融科技创新的
新世界

Part Two

6

金融科技创新周期

1947 年，贝尔实验室研制出了一种被称为"晶体管"的小型设备。这种微型硬件可以控制电流，既可以放大也可以开关电流。与以前使用真空电子管的设备相比，利用晶体管制造像收音机和计算机这样的电子设备，造价更便宜、功效更可靠而且产品体积也更小。晶体管构成了电子工业的基础。从世界经济及文化的角度看，电子工业都可以算是最重要的行业。晶体管通常是用硅制造的，所以，无论是从名字还是从实质上看，晶体管创造了硅谷。

不过，尽管这项发明后来变得很重要，起初它却没有得到什么关注。设计和生产问题有待解决，潜力需转化为具体产品。这项创新该如何进入市场，以及一旦进入市场，它的市场规模会有多大，当时这些都没人知道。经过缓慢起步，十年之后，晶体管已经进入了主流产品市场，广泛运用在收音机、助听器、钟表、留声机等产品中。[1]

20 世纪 50 年代末，发生了另一场变革性事件。德州仪器公司（Texas Instruments）的杰克·基尔比（Jack Kilby）获得了集成电路的专利权。集成电路就是将晶体管和其他元件放在单块芯片中。后来，工程师们努力把越来越多的晶体管塞进一块芯片，同时提高其性能。于是创新被进一步发展，从产品微型化、产品成本骤降到芯片功能更强大，这一切让个人电脑在 20 世纪 70 年代得以诞生，并最终创造出了今天的 iPhone、互联网基础设施、车载电脑，乃至宠物追踪设备。

今天，每当我们使用智能手机或电脑时，靠的都是一块可容纳数亿个晶体管的芯片。晶体管最初不过是一个引导电流的简单发明，最终却被运用到现代的产品和服务之中，改变了我们日常生活的方方面面。然而，晶体管在 1947 年及发明后的最初几年里，其变革性质并不明确。

我们不必预言金融科技的创新会像晶体管或集成电路那样具有变革性。况且，直到最近，贷款市场都尚未有太大变化。不过，出现数据驱动的在线贷款，标志着创新重要周期的启动。金融技术涵盖了从区块链到在线抵押贷款等大量新的技术，小微企业贷款的改变只是其中一部分。小微企业贷款的创新之路，将受到其他金融服务活动的影响，包括消费者贷款、支付方式和人工智能。但是，小微企业贷款终将走上自己独特的创新之路。

当前我们正处在金融科技创新周期初期。在线借贷为小微企业的融资方式打开了新的未来之门，我们在其中看到了类似晶体管早期阶段的情况。那么，释放其全部潜力的“芯片”会是什么呢？

创新生命周期

晶体管发明并被集成到如今无处不在的芯片之中，是创新周期发挥作用的一个例子。在市场上，一项发明或根本性变革起初只会被少数“先行者”采用。新发明的具体使用情况尚不明确，率先进入市场的参与者往往承担着巨大的风险；而如果能够取得商业上的成功，就有可能获得巨大的市场份额。而后，越来越多的企业家对新发明加以了解，并将其转化为新产品和新行业，新发明的运用会变得越来越普遍。结果，产品标准化，市场规模扩大，接受度和使用度增强。于是，新发明登上舞台，开始与旧产品竞争，从而开启下一个创新周期。

这些创新周期推动了经济的发展。约瑟夫·熊彼特（Joseph Schumpeter）是20世纪最具影响力的经济学家之一，他以创新和商业周期理论而闻名。熊彼特并不像许多经济学家那样，认为经济增长是一个循序渐进、稳步攀升的过程。熊彼特认为经济增长来自创新，用他的话来说，创新"更像是一系列的爆炸"，而不是温和的、持续的变革。[2] 这些间断性的创新颠覆了旧的办事方式，摧毁了现有的公司，乃至整个行业。

熊彼特把企业家塑造成他经济故事中的英雄，引领着他所描述的"产业突变的过程……不断地从内部彻底改变经济结构，不断地摧毁旧的，不断地创造新的。这种'创造性破坏'的过程是资本主义的基本事实。"[3] 在熊彼特看来，创新不是发明本身，而是将发明加以运用，使其在经济上发挥作用。创新可以是一种新产品或一种新的生产程序，可以用来开辟新市场，获得新的生产供应源，或者是用制造垄断或打破垄断等方式为某个行业构建新的市场结构。[4]

20世纪后期，一些学者以熊彼特的成果为基础进行研究，其中就包括埃弗雷特·罗杰斯（Everett Rogers）。他在1962年的著作《创新的扩散》一书中推广了"创新S曲线"。之后，其他人对罗杰斯的S曲线进行了调整，概括出创新生命周期的四个阶段：酝酿期、发展期、成熟期和衰退期。[5]"酝酿期"指的是创新的早期阶段，此时产品及其用途还没有被充分认识，新的使用途径尚在探索中。"发展期"即增长阶段，在这个阶段出现了新公司、新的产品和新客户，助推了创新的用法和用量的快速增长。于是，在多年后的某个时间，市场就会进入成熟阶段。而最后，当市场被另一种创新占据时，这种创新就会出现中断。

晶体管的故事只是创新"S曲线"模式的例证之一，其他的案例还有很多，比如录像机（VCRs）。录像机的前身是庞大又昂贵的盒式磁带录像机。第一台盒式磁带录像机发明于20世纪50年代。而直到20世纪70年代，录像机才实现标准化格式，这也让价格下降到大众消费者可以接受的程度。20 世纪 80 年代，市场由两种主要格式主导：日本胜利公司（JVC）的家用录像系统格式（VHS）和索尼公司的贝泰麦卡斯格式（Betamax）。VHS 赢得了这场格式战争，主要是因为它的磁带可以长时间录制——这是消费大卖点。到 20 世纪 80 年代末，从电影租赁中发展起来的录像机市场逐渐成熟，录像机的拥有率普遍提高。[6] 后来，到了 1995 年，尺寸更小且性能更优越的数字影碟（DVD）一问世，便打乱了录像机市场。

金融服务与创新生命周期

在银行业里，自动取款机（ATM）是创新周期的可见实例之一。20 世纪 60 年代末，自动取款机首次推出，纯粹是为了发放现金，在 20 世纪 70 年代，银行增加了客户存款等其他银行服务的功能，自动取款机开始流行起来。1980 年，共享网络大量涌现，银行开始将自动取款机视为必需品，并最终成为银行分支机构的替代品。从 20 世纪 90 年代末至今，自动取款机一直很普遍，但新的创新出现了，用户已经转而使用互联网和手机银行，而且借记卡的运用也让现金在支付业务中的重要性有所减弱。

银行业务的演变反映了支付技术历经的变化，而这种变化始于 400 多年前。支付技术的演变可以被设想为一系列 S 曲线（图 6-1）。从 17 世纪开始，实物货币和支票在欧洲逐渐被大众接受，成为支付手段。20 世纪 60 年代到 80 年代，一系列的创新——信用卡和借记卡、电子支付和自动取款机——打破了这种局面，使得支票的使用数量在 1995 年达到顶峰后便直线下降。近年来，电子支付已经开始让位于像 Venmo 和 ApplePay 这样的网上银行和移动支付。当代的创新，比如加密货币和分布式账本技术，可能无法在市场上站稳脚跟，也可能是下一个被中断的支付领域创新。

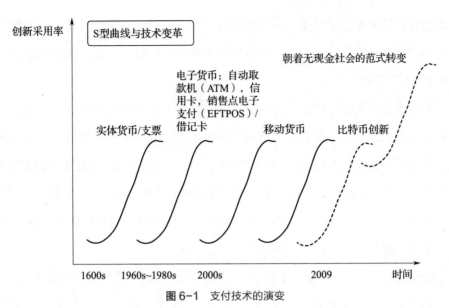

图 6-1 支付技术的演变

资料来源：Jarunee Wonglimpiyarat, "S-curve Trajectories of Electronic Money," *The Journal of High Technology Management Research* 27, no. 1 (2016).

然而，除了支付方式的变化之外，银行业接纳创新的速度通常比许多其他行业要慢。就算银行业的创新启动了，小微企业的产品往往也是最后受到影响的。2010 年左右，在小微企业金融科技创新周期开始之前，小微企业贷款的程序仍然很烦琐，对于是否延长信贷的拍板通常很慢，使用的还是几十年来一成不变的个人包销和评估办法。小微企业贷款早就该创新了。

小微企业贷款创新为何滞后？

互联网出现后，企业家们对传统行业的挑战才正式开始。在 2005 年之前，将借贷完全转移到网上办理的技术就已经存在。那么，为何市场营销、包销以及贷款服务——尤其是小微企业贷款——大多仍无人关注呢？

对于贷款（尤其是小微企业贷款）创新步伐缓慢，有以下几种合理的解释。首先，银行业的监管很严格。在互联网时代，许多行业和市场的创新时机都已经成熟，很多企业家可能认为，金融领域规则繁杂，缺少吸引力。其次，高标准的监督监管让许多银行形成了一种风险规避文化。银行雇用了大量员工，工作任务是准确评估和风险管理。对于一个有风险规避文化的机构来说，完成创新的内部变革是非常困难的。

银行业创新面临监管压力的例子之一，是电子存款和电子支票。传统上，银行需要原始纸质支票（可在各银行间流转）才能付款，储户会在每月的银行对账单中收到纸质支票。2003 年，美国国会通过了一项名为《21 世纪支票清算法案》（Check 21）的法律，允许用支票的电子照片进行存款，也允许银行以电子方式进行支票转账。[7] 虽然早就有这样的操作技术，但要用来为我们所期望的电子支票存款提供便利并降低成本，就需要一项新的法律。

创新的第三个壁垒是，小微企业贷款市场比消费者市场更加多样化。例如，抵押贷款大多是标准化的，便于市场运作及贷款证券化。小微企业贷款风险更大，部分原因是每个企业都不同，需求也因行业、年龄、财务历史和其他因素而各异。

最后一种可能，是小微企业贷款市场的相对规模。根据美国联邦存款保险公司（FDIC）的数据，美国各银行持有 100 万美元以下的工商业贷款共计 3520 亿美元，这很好地代表了小微企业贷款的存量。[8] 此外，2017 年，小微企业的信用卡支出为 4930 亿美元。[9] 这两个数字加起来，小微企业信贷刚好超过 8450 亿美元，绝对值很大。不过，相对于消费市场来说，这个数值却很小。2018 年中，银行的资产负债表上持有约 1.7 万亿美元的消费者贷款。[10] 此外，据圣路易斯联邦储备银行估计，持有及被证券化的消费信贷总额约有 3.9 万亿美元，是 1.7 万亿美元的两倍多，另外还有 2.2 万亿美元的住宅房地产贷款。[11,12]

小微企业贷款毫无疑问也是许多银行的一项重要业务，但是，这项业务量不是最大的，创利也不是最高的，也不在重点创新事项中。拿摩根大通（JPMorgan Chase）来说，虽然在公司首席执行官的演讲中和公司年度报告中经常提及小微企业，但在 2017 年 6880 亿美元的贷款组合中，小微企业贷款仅占了 220 亿美元。[13] 小微企业的声音还不够响亮，不足以要求银行提供更多的便利和更好的服务。当前金融科技创新者闯入市场，带来了真正的威胁。而在此之前，传统的银行业参与者几乎没有紧迫感去改变为小微企业服务的方式。

小微企业贷款创新曲线

小微企业贷款创新的第一阶段，出现在 2008 年信贷危机的复苏开始之际。在此之前，金融科技贷款机构就已经存在了，最著名的是成立于 1998 年的 CAN Capital，它开创了商业现金预支（MCA）业务。[14] 不过，OnDeck 才是值得关注的小微企业创新贷款方式的首创者。OnDeck 的创始人米奇·雅各布斯（Mitch Jacobs）发问道，为何不用企业银行账户的实际数据——包括它们最近支付的账单记录——帮我们判定企业的信用呢？与小微企业信贷传统上采用以企业主个人的费寇评分（Fair Isaac Corporation，FICO）为主的方式相比，这一信息更具有现实性。正如雅各布斯所言，"时机已经成熟，各企业对软件的采用率很高，可以快速创建完整的数据档案，从而最大限度地降低贷款机构的风险，进而为小微企业主提供大量资金"。[15]

在经济大衰退时期，费寇评分对违约风险的预测的确被证实是不可靠的。像美国银行（Bank of America）这样在 2005 年至 2007 年期间普遍依赖费寇评分进行自动放贷的许多家银行，已经退出了小微企业贷款市场，这些银行都严重亏损。[16] 而且，正如我们在第 3 章中所讨论的，在经济衰退之后，银行重启小微企业贷款的进程滞缓，特别是利润较低的小额贷款业务，市场于是出现了空白，像雅各布斯这样的创新者便开始介入。

酝酿期——第一部分

在线小微企业贷款创新周期的第一个阶段，即酝酿阶段，是依靠现有技术，重新思考小微企业贷款市场中长期存在的两个问题：用户体验的速度和便利性，以及小微企业的财务可见性，以便贷款机构进行信贷核保。这些痛点并不新鲜，所使用的技术也不是突破性的，但早期的金融技术公司，比如 OnDeck、借贷俱乐部（Lending Club）和 Kabbage，通过为小微企业用户创造更简单、更快速的体验而取得发展优势。当时，完成在线申请大约需要半小时，操作并不复杂，而且钱在几天内便会划入企业的银行账户。

对小微企业而言，这种时效是闻所未闻的，对许多人来说，这便是决定性的因素。虽然产品定价较高，但是借款人被这种出色的、魅力十足的用户体验所吸引，纷纷涌向新产品。在美联储 2015 年的小微企业信贷调查中，首次对新型在线贷款产品的吸引力进行了具体分析。令人震惊的是，20% 的小微企业申请者声称自己在使用在线贷款，人数甚至比在信贷联盟的申请者还多（图 6-2）。起初大家以为这些受访者是向金融科技公司申请贷款，但后来发现，许多人实际上使用的是在向线上银行申请，所以向金融科技公司申请的人数可能更少。尽管如此，金融科技贷款机构的实际普及速度（或人们认为的普及速度）还是引起了风险投资家和其他早期投资者的注意，并引发了竞争。

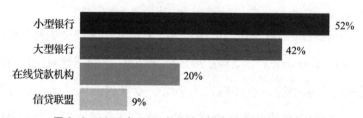

图 6-2 2015 年 20% 的申请者向在线贷款机构申请贷款

申请的信贷来源（占贷款 / 信贷额度申请人的百分比）

资料来源：*"2015 Small Business Credit Survey,"* Federal Reserve Banks, *March 2016.*

当时有数以百计的新公司——包括在线贷款机构、在线贷款市场和数据分析公司——进入了市场，我们把这一时期称为"狂野西部"。2013 年到 2015 年期间，许多人认为在线贷款将从根本上扰乱市场并将传统银行排挤出去。现存的所有数据，从 Yelp 评论到小微企业的银行和信用卡文件，再到水电账单的支付记录，现在都可以通过应用程序接口（API）进行访问，这是计算机软件的一项重大成果，让数据共享变得更简便高效。自动核保算法为高昂的个人核保业务提供了一种创新的替代方案，成本更低（且可能更优质）。新的数据获取方式和新的核保公式相结合，在线贷款机构所占的市场份额开始提升。用熊彼特的话来说，"发展期"会迅速腾飞，随之而来是创造性破坏。

"发展期"的终止

尽管发展势头强劲，但 2016 年夏天，小微企业贷款的创新周期遭受了意外打击。作为主要的在线贷款机构之一，借贷俱乐部（Lending Club）的一项内部调查显示，该公司未能向投资者披露有关贷款池的信息。作为回应，借贷俱乐部董事会解雇了极富魅力的首席执行官兼创始人雷诺·拉普兰赫（Renaud laplanche）。[17] OnDeck 上市时估值超过 10 亿美元，每股价值 20 美元，但在 2015 年 12 月至 2016 年 7 月期间，公司股价暴跌了 42%。[18] 忧心忡忡的行业观察人士也开始质疑，这些新的入行者是否真的为市场带来了颠覆性创新，或仅仅是让借款人获得了更快捷、更愉悦的申请体验。在线贷款机构到底是在提供新的产品，抑或只是以更快捷、成本更高的方式向借款人提供同类贷款产品和同类信用额度？

在美联储 2015 年的信贷调查中，有关在线贷款的收费问题也出现了一些令人不安的信息。虽然借款人普遍对在线贷款的便利性表示满意，但同时也对高额的成本和潜在收费表示不满（图 6–3）。

媒体上开始出现关于小微企业落入债务陷阱的报道，美国国会和监管机构也开始对"害群之马"表示担忧。更多的问题出现了：与银行的核保模式相比，新算法真的更能准确测算小微企业的信用度吗？新算法真有那么好吗？而且，如果创新仅仅只是客户体验方面，为什么银行不能复制这样的流程？难道银行工作人员都是一群"老古董"，无法适应变化？最重要的是，谁才具备竞争优势？

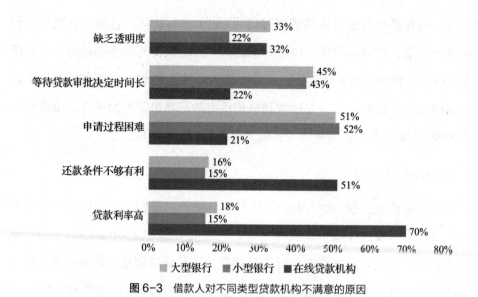

图 6-3　借款人对不同类型贷款机构不满意的原因

2015 年雇主公司对不同类型贷款机构不满意对比图

资料来源：*"2015 Small Business Credit Survey,"* Federal Reserve Banks, *March 2016.*

酝酿期——第二部分

至此，市场便进入小微企业贷款创新周期的第二阶段，或者说是进一步酝酿的一个小周期。最初研发的技术和互联网支持的前端申请程序对小微企业主非常有吸引力，并把这个行业带入了一个新时代。但是，此时贷款产品的创新性并不强。至少在借款人的成本方面，这些产品其实可以说更糟糕，这主要是由于这些后起之秀处于竞争劣势。

首先，新的在线贷款机构很难找到客户。小微企业主都很忙，所以尽管在线贷款机构具备更快捷便利的优势，但在谷歌上投放有针对性的广告还是无法有效触及这个零散的客户群。除此之外，在线贷款机构还需要时机，在借款人准备借款的时候将广告送到客户面前。因此，搜寻客户的过程就像大海捞针。获取客户所需的成本占到了收入的 15% 左右，其中一些被转嫁到借款人的贷款成本之中。

此外，新的金融技术公司几乎没有业绩记录，也没有银行以存款形式持有的廉价资本。许多公司使用来自对冲基金的高成本资金为其贷款融资。在急切的借款人和期盼回报的贷款方之间，同行资方起到了牵线搭桥的作用，并收取费用。事实证明，创新者的单位经济效益，即对每笔贷款的盈利能力，是一个难题。

在早期玩家跌跌撞撞之时，"老古董们"也开始苏醒。更快捷友好的体验带来的便利让借款人乐享其中，老牌银行和其他贷款机构看在眼里，于是决定做出回应。起初，许多银行只是缩短了回应贷款申请的时间。办理时间从几周甚至几个月，缩短到 10 到 14 天。办理的部分流程仍然是手动的，但银行正在逐步改进，以减轻申请人的负担。仅这一点就影响了许多小微企业，反应更积极、急人之所急的银行信贷员终于出现在电话的另一端。随后几个月里，许多银行甚至是那些最不愿意接受变革的银行都开始意识到，可以利用技术来实现自动化的小微企业贷款，银行要么与新的金融科技挑战者合作，要么在银行自己的主场中击败它们。

如何对金融科技领域进行测试，每家银行都有自己的策略。摩根大通早在 2015 年就采取了行动，与 OnDeck 合作，推出了大通公司旗下一款名为"白色标签"的自动化小微企业贷款产品。富国银行开发了自己的产品，于 2016 年 5 月推出了名为"FastFlex"的在线快速决策产品，这是一种适用于 10 万美元以下的小微企业贷款产品。为密切关注发展中的行业，看看哪些创新可能值得纳入，花旗银行在 2012 年至 2017 年期间投资了 20 多家金融科技公司。就连社区银行也参与了进来，打破了人们最初认为社区银行规模太小、技术太落后、无法探索新领域的看法。新英格兰的东方银行（Eastern Bank）聘请了一个金融科技企业家团队，创建了东方实验室，并开发了自己的小微企业贷款产品。在内部成功推出东方实验室后，它们便把这项技术剥离出去，成为公司旗下的独立企业，目的是将贷款软件出售给其他社区银行。（第 9 章将更详细地探讨银行可采用的不同战略选择。）

在第二个酝酿期，随着创新周期的不断发展，银行集中精力重新确立在小微企业贷款领域的领导地位。银行意识到，它们可以继续充当主要玩家，因为与金融科技竞争对手相比，银行至少有两个重要优势。第一个优势是银行有已建立业务关系的客户群体，并且可以深入了解这些客户的银行账户、信用卡和其他银行业务的情况。如果像 OnDeck 这样的金融科技贷款机构可以在获取小微企业银行账户的数据基础上创立公司，那么实际持有这些账户的银行为什么不能使用同样的数据来重构贷款流程呢？第二个优势是银行可以以客户存款的形式获得成本较低的资金。当然，银行面临的最大挑战是如何改变——怎样在银行传统观念中引入新思想和新技术，以便更好地为小微企业客户提供服务。

数据及技术公司的登场

小微企业贷款得以进入创新的第一阶段，其突破点之一是通过应用程序接口（API）获取数据。数据也将成为小微企业贷款之后一系列转型背后的驱动力。大数据在各行各业中的运用愈加普遍。运用大数据，我们可以更好地了解客户、竞争对手、行业趋势等。那么，如何更好地运用数据改变小微企业借贷呢？

关键是信贷决策方面——企业能否偿还贷款？我们前面讨论过，由于小微企业的异质性和信息不透明，其信用度难以评估。所以，使用附加数据进行风险评估，在小微企业信用评分中可能尤为可贵。在线贷款机构已经开始从非传统渠道对小微企业的信息进行收集和分析。为更全面、更及时地了解小微企业的财务状况和偿还能力，目前银行已经开始关注客户的银行账户支付和信用卡交易情况。

但是，要让这些数据发挥作用，就需要有能够持续且准确地利用数据预测风险的算法。可用的数据更多，来源更丰富，肯定会有所帮助，不过，企业的情况各有不同，盈利能力也不太稳定，目前还不确定该如何搭建算法，才可以在跌宕起伏的商业周期中运作良好，并在小微企业异质性较大的情况下，保持结果的准确性。

也许最有能力完成这项任务的是像亚马逊（Amazon）和 Square 这样的大型科技平台公司。亚马逊清楚各企业在亚马逊平台上的销售额，企业库存所需的现金，甚至企业竞争对手的情况。Square 实时掌握着企业用户的收入情况。这类科技平台公司通常能够顺利招揽到有才华的软件工程师，去构建并测试新算法，而相比之下，传统银行往往很难招到这类人才。而且，与新兴金融科技初创企业在争取客户方面存在困难不同，亚马逊和 Square 等平台已经融入许多小微企业的财务和日常运营中。这些平台可以就季节性波动或气候变化提出可能的资金调整建议，并出借现金来赞助这些投资性行为。Square 的 MCA 产品甚至能从通过Square 系统进出的资金中提取还贷资金，这样平台就能够直接收取预付资金的抵押金。

实现"小微企业乌托邦"

让小微企业贷款市场的操作流程更自动化、更简便的早期金融科技创新者可能并不是从中受益最多的人。这种情况并不稀奇。汽车不是亨利·福特发明的，但他极大地改进了汽车的制造流程，并因此名利双收。20 世纪 60 年代重要的摇滚乐队"地下丝绒"（The Velvet Underground）首张专辑只卖出了 3 万张。著名音乐家和制作人布莱恩·伊诺（Brian Eno）听说后反驳道："买了这 3 万张专辑的每个人可都组建了乐队。"[19] 那些改变世界的人并不总是能从他们的行为中获得最大利益。

小微企业贷款的早期创新是由企业家利用新的数据资料来源和对客户体验进行重新思考来实现的，事实证明，这并不是最终结果，而只是一个早期阶段。还有一种可能是，金融科技公司与银行之间的合作，甚至银行内部的改进，都只是朝着小微企业贷款最终解决方案迈出的渐进但积极的一步。正如晶体管和芯片的故事一样，一系列变革性的发明已显现，这些发明将释放市场的全部潜力，改变小微企业的现状。

我们把这种转变的终点称为"小微企业乌托邦"。在小微企业乌托邦中，通过恰当的新技术和创新手段，小微企业的整体财务运作会有积极的转变。在小微企业乌托邦中，一个真正高效的市场，在适当的监管下运作，将确保每一家信誉良好的小微企业都能以客户友好型方式获得启动并发展业务所需的资金，并创造就业机会。

此外，在这种最佳的小微企业环境下，企业主将对企业现金需求产生新的看法。企业主于是可以在合适的时间以合适的成本拿到期限合适、类型合适的资金，并用这些资金最大限度地发挥企业运营潜力。这种未来的状态也将对贷方有益，因为对小微企业放贷的成本会降低，被拖欠贷款的风险会降低，而借方拿到资金，业务持续增长并获得成功，便很可能会成为今后贷款的回头客。

发展：未来的小微企业借贷

小微企业贷款的"芯片"会是什么？亚马逊、贝宝和 Square 等平台肯定会在新形势下发挥作用。我们已经看到，在中国已经出现了由这类平台公司主导的模式。一部分传统玩家，尤其是拥有"OPEN"平台的美国运通、第一资本公司（Capital One），以及拥有小微企业业务特许经营权的大型银行，做好了施展拳脚的准备。

但是，随着创新周期下一阶段的到来，还有一个因素可以决定谁是赢家。创新的第一阶段来自于那些看到并理解小微企业客户痛点的企业家。让贷款更便捷是一种突破，这引起了小微企业的关注，并引发了行业的连锁反应。创新的下一阶段要解决小微企业的另一个关键痛点：如今，还没有一个操作简便的综合型工具、平台或相关服务，可主要供小微企业开展所有金融业务使用。

小微企业经常会因为突如其来的现金流短缺而陷入困境。客户延迟付款或特殊的库存需求导致企业有措手不及的融资需求。大多数小微企业主的现金缓冲能力不足。但是，如果他们能更容易地看到并掌握自己的财务状况与需求呢？如果他们只需按下一个按钮就能以合适的条款贷到适当额度的款项呢？如果他们拥有一个控制台来处理所有的金融活动事务，情况会是怎样呢？这样的平台将包括银行业务活动的整合、现金流情况的分析与管理以及支付处理等。它将让会计软件与税务规划工具进行无缝对接，提供账单支付与退休规划作用。人工智能（乃至智能个人顾问）可以根据小微企业的整体情况提供独到见解和贷款选择。

这正是小微企业乌托邦的愿景。在小微企业乌托邦中，小微企业的经营可以更成功、更长久。未来那些成功的贷款机构会让小微企业主更好地了解自己的融资需求，并以更具竞争力、更透明的成本快速地获得资金支持。这样的未来听起来可能遥不可及，也难以企及，不过使其成为现实所需的技术目前已然存在。

要达到小微企业乌托邦的状态并不容易，部分原因是许多创新会带来意想不到的后果。铅可添加到涂料中，起到提高耐水性、保持颜色鲜艳度且干得更快的效果；铅也可添加到汽油中，减少发动机的爆震并提高汽油的辛烷值。然而，当人们越来越清楚地认识到，环境中的铅会对身体健康造成重大危害后，政府从 1974 年起就开始逐步淘汰含铅汽油，从 1978 年起开始禁止消费者使用含铅涂料。技术创新能够让我们联系全球任何人，让购买的东西直接送到家门口，让我们能够在网上搜索到想要的任何信息，同时，技术创新也带来了数据隐私和网络安全方面的新问题。

大量证据表明，金融创新可能会带来负面甚至是灾难性的后果。场外衍生品（通常用于风险管理，且其设计与销售是在定制化交易而非公开交易市场中进行的金融产品）在金融危机之前的十年里呈指数增长。许多金融公司通过创造越来越复杂的产品获得巨大利润，但是在某些情况下，这些产品也让金融系统变得更加脆弱，更加容易崩溃。在金融科技创新周期里，对个别银行和借款人来说是合理的决定，也可能会对更广泛的金融系统造成集体动荡。不幸的是，我们已经看到了缺乏运作良好的监管结构的经营活动对经济尤其是对小微企业，会造成什么样的后果。

另一方面，我们也看到，过度或者不当的监管会阻碍创新，特别是对于已经受到严格监管的银行业来说更是如此。因此，为了达到最佳效果，我们必须制定好政府政策，在保护消费者、小微企业和金融系统的同时促进创新。

小微企业贷款的创新周期已经蓄势待发，因为技术方面已经取得的新突破，减少了新老贷款机构在服务市场的能力方面长期存在的摩擦。在第 7 章中，我们将叙述早期金融科技公司是如何引领这些变化的。

我们在第 8 章将进一步探讨小微企业贷款的未来，以及新型一体化小微企业金融平台可能的样子。在现存及潜在变革的基础上，第 9 章将对传统银行的战略选择进行探讨。最后，在第 10 章和第 11 章，我们将讲述美国小微企业贷款监管体系的现状，并为更稳妥地成功到达小微企业贷款创新周期早期预示的巅峰，对监管改革原则提出建议。

如今，熊彼特所说的创造性破坏周期只进行了一半。小微企业的好日子还在后头。

金融科技借贷的早期历史

2013 年 6 月，大约 350 人聚集在纽约 Convene 创新中心的帝国厅参加首届朗迪峰会。该活动由朗迪研究院（Lend Academy）负责人彼得·伦顿（Peter Renton）联合发起，为期一天，其中一大亮点是邀请了借贷俱乐部创始人兼时任首席执行官雷诺·拉普兰齐（Renaud Laplanche）出席并发表主旨演讲。雷诺的演讲主题为"银行体系转型"，他告诉与会者，他们完全有机会效仿网飞和亚马逊等颠覆性公司，重塑金融服务业。随后的小组讨论焦点集中在小微企业直接贷款和点对点贷款模式，以及如何运用更好的数据使贷款更加安全、收益更高等问题上，并且探讨了风险投资家为何要投资在线借贷公司的原因。当天的活动以一场鸡尾酒会作为结尾，整场活动于晚上 7:30 结束。[1,2] 几乎所有的金融科技借贷机构都参加了活动，但银行和其他传统贷款机构明显都缺席了。

人们对首届峰会的反应十分积极，因此伦顿和他的团队决定每年度都举办一场这样的活动。2014 年 5 月，第二届朗迪峰会在旧金山的希尔顿酒店举行，为期两天。对这场峰会感兴趣的人数激增，约有 950 人到场参会，近 2000 人在线围观。这场峰会更加专业，会议的内容包括小微企业与短期贷款、贷款证券化、其他国家的点对点借贷、众筹等，甚至还有关于法律和会计方面问题的答疑解惑。会议重点关注了信贷承销模式和大数据运用方面的长期行业趋势，其中也涉及一些国际金融科技问题，但大多金融科技问题都被留待于朗迪欧洲峰会（始于2014年）和朗迪中国峰会（始于2015年）上进行讨论，而且这两个峰会也都成了一年一度的活动。[3]

到2015年，参加峰会的人数已经增加到2500人，其中包括银行和信贷联盟。2015年峰会的主题是"大规模获取借款人"和"与银行合作"。[4,5]美国财政前部长和借贷俱乐部董事会成员拉里·萨默斯（Larry Summers）在他的主旨演讲中预测说，金融科技公司将占据小微企业贷款市场70%以上份额，[6]由金融科技带来的颠覆已经开始。

小微企业借贷的摩擦

贷款给小微企业总是比贷款给普通消费者要困难得多，原因有二：小微企业的异质性和信息不透明，这些我们已经在第一部分详细讨论过。根据其行业、位置、规模和业务目标的不同，每家小微企业都有各自不同的特征。即便是小微企业主自己也经常无法确定他们未来的现金流和收益情况将会是什么样子。这就导致我们很难全面而详细地去描述小微企业的信贷相关指标：它们的收入规模如何，它们何时会产生大额支出，它们的支付速度有多快，以及它们的业务趋势如何，等等。这类信息共同组成了投资者所说的"真相档案"——抓住一家企业未来发展前景本质的一种方式。[7]众所周知，对于小微企业而言，建立一份真相档案一直相当困难，特别是对那些规模较小、成立较晚的公司而言。

大约在2000年，被称为开放API（应用程序编程接口）的新信息接口的开发，帮助触发了关于小微企业可用信息的数量和质量发生重要变化。开放API这种连接，允许第三方开发人员访问公司网站上的选定数据，并将它用于创建新的应用程序。[8] 2000 年，易趣（eBay）成为首批使用开放 API 的电子商务公司之一，访客可以查阅在易趣网上销售产品的小微企业的大量信息。这为在线借贷机构创建了一个数据通道，可以获取小微企业在易趣网站上的销售信息。2012 年，Plaid 的加入为银行业务数据提供了一个统一的 API，让开发人员可以调阅有价值的交易信息，并用它来创建可用于金融科技生态系统的应用程序。[9]

新的后端基础设施让小微企业贷款市场上长期存在的一些摩擦有所改观。凭借在数据获取方面的突破，在线借贷机构就能做出更明智的贷款审核决定。过去，贷款审核的主要依据是费埃哲（FICO）公司的征信评分和纳税申报单，可是这些并不能及时地反映企业的实际业务状况。有了新的数据来源，那些曾经被小微企业隐藏起来不为人所见的或者没有准确报告的实时信息，在贷款审核员面前就变得更加一目了然了，贷款审核员可以利用这些信息更好地识别出那些信誉可靠的借款人。

先行者

最根本的创新是利用互联网和数据的力量，但附带发生的创新所带来的影响几乎同样巨大。在技术的赋能下，在市场需求的驱动下，金融科技初创企业从 2000 年代末开始，把一种新的"数字优先"方法引入小微企业在线借贷领域中来。这一早期阶段大约持续到 2013 年，由包括 CAN Capital、借贷俱乐部、Kabbage 和 OnDeck 等在内的一些先行者主导，它们都以各自的方式在该领域开辟出一片新天地。该领域早期参与者的一个共同特征是使用了可以自动翻转的在线申请表，更加方便填写，也为客户带来更好的服务体验。这些金融科技公司还为市场带来了其他新方法，包括风险定价、不同的资金来源，以及对传统产品和服务的反转。

风险定价

很多人将商业现金垫款（merchant cash advance，MCA）的发明归功于成立于 1998 年的 CAN（Credit Access Network）资本公司。最初的 MCA 产品依赖于一项专利技术，可以让信用卡刷卡凭条在多方之间进行分割。[10] 对于小微企业而言，这意味着其通过信用卡交易的销售额的一定比例可以自动转给 MCA 提供商，用来偿还预借的商业现金垫款。

CAN 公司打入了一个通常银行认为风险太大的市场：有紧急现金需求的小微企业。许多小微企业都经常遭遇现金流波动，现金储备少，因此非常需要流程快捷且反应积极的贷款机构，哪怕费用高昂一些都没关系。CAN 公司和其他 MCA 贷款机构可以通过两种传统银行避而不用的方法来向风险系数更高的借款人提供信贷服务。其一，它们采用真正的风险定价，根据感知到的风险等级来调整收取的利率。而银行的利率浮动空间通常很窄，它们对于贷款产品的定价主要参照其他银行如何收费，风险评估的目的也主要是为了做出是否放贷的二元决定，而不是为了决定以什么样的利率来放贷。这部分原因在于监管机构对银行持有资本水平的监管规定。特别是在经济衰退之后，监管审计可能会将贷款归类为风险过高，也可能强制把它定为"符合要求"或用它来冲抵银行的资本，这使得银行不太愿意接受风险系数较高的贷款资产，即便它们从理论上可以收取高一些的利率。

MCA 贷款机构愿意接受高风险贷款的第二个原因是，该贷款产品的结构提供了一种新型的具有实际价值的抵押品。小微企业贷款机构，包括小企业管理局（SBA），通常都依赖于企业所有者的个人担保来确保更大的还款确定性。这种情况下，银行拿借款人的资产（通常是他们的房子）作为抵押品。技术手段让 MCA 贷款机构可以直接从借款人的银行账户或信用卡刷卡凭条中提取贷款还款金。这种技术为贷款机构提供了一种新的抵押品——立即获得客户的刷卡凭条，而无须等待借款人自己去还款。

许多在线贷款机构都按照 CAN 公司所设定的产品结构和定价水平来给风险等级最高的贷款产品定价。新产品一般按固定金额定价。借款人可能拿到 1 万美元的贷款，但是需要偿还 1.2 万美元，还款方式是在每天收到信用卡刷卡凭条时就将一定的比例直接转给贷款机构。这对一些小微企业主还是很有吸引力的，因为它们的还款计划会根据实际销售额的变化而变化。企业主们还想弄清楚的一点是贷款的总成本。但是，由于还款的具体安排是根据销售额来定的而没有一个固定的时间期限，所以在弄清楚何时能够还款之前，几乎不可能计算出这个贷款的年化利率（APR）或利率，这就让那些小微企业主们很难把商业现金垫款和传统贷款的成本拿来进行对比。[11] 在标准的还款时间期限内，年化利率可能远高于30%，达到 100% 甚至更高。

新的资本来源

另一家早期进入该领域的金融科技公司是借贷俱乐部，2007 年刚成立的时候它还是一家消费贷款公司。借贷俱乐部是点对点借贷的先驱，它利用技术手段将其中一种最古老、最基本的消费贷款形式带到现代世界。与另一家早期进入消费贷款市场的 Prosper 公司一样，点对点借贷机构自己并不对外发放贷款。相反，它们主要为个人和有意向寻求资金支持的借款人提供融资服务的机构投资者牵线搭桥。截至 2010 年，借贷俱乐部已经占据了全美点对点借贷市场 80% 的市场份额。

开始营业的前几年，借贷俱乐部主要向客户提供消费贷款，2012 年其放贷规模达到 10 亿美元。该公司于 2014 年上市，市场估值为 85 亿美元，是有史以来面向消费者的互联网公司中规模最大的 IPO 之一。[12] 2015 年，借贷俱乐部开始通过撮合投资者和小微企业借款人来开展信贷业务，主要提供额度在 1.5 万至10 万美元之间的小额贷款，"5.9% 的固定利率，贷款期间为 1~5 年，没有任何隐形费用，也没有提前还贷罚金"。[13] 借贷俱乐部所追求的目标是让贷款申请过程尽量简单轻松，特别瞄准那些在银行经历过痛苦的客户体验的借款人。为了卖出更多此类贷款产品，借贷俱乐部与 BancAlliance 合作，借此进入后者一个由数百家社区银行组成的转介网络。[14]

新数据

另一家作为先行者的金融科技公司是成立于 2010 年的 Kabbage 公司。和以消费贷款起家的借贷俱乐部不同，Kabbage 公司从一开始就专注于小微企业业务。它们早期的商业模式是向易趣商家提供营运资金贷款，利用易趣新开发的开放 API 来获取可能成为小微企业借款人的有关数据，并以此为依据做出贷款审核决策。

Kabbage 公司与包括凯尔特（Celtic）银行在内的许多合作伙伴开展合作，利用这种合作关系来扩大 Kabbage 公司平台上的贷款产品的销量。与财捷（Intuit）和联合包裹（UPS）的合作为它提供了大量客户数据，可用来评估借款人的信用度；而与网络支付处理平台 Stripe 的合作则让它得以接触到更多的小微企业客户。Kabbage 公司联合创始人凯瑟琳·佩特拉利亚（Kathryn Petralia）指出，虽然 Kabbage 公司最初是一家细分领域电子商务贷款机构，但截至 2018 年，其 90% 的企业借款人都是线下企业，公司已经向超过 13 万家小微企业发放了总计 50 亿美元的贷款。[15,16]

成立于 2006 年的 OnDeck 公司也开始向小微企业提供信贷服务，它使用的是专有的信用评分系统，即 OnDeck Score 信用评分系统。除个人信用评分外，该系统还集成了公共记录、会计和社会数据。[17]2012 年，在由小企业管理局（SBA）和美国财政部（Treasury）主办的一场小微企业信贷大会上，OnDeck 公司在大会上发布它正在使用银行账户数据来获取关于小微企业交易情况的实时信息。这一声明向贷款机构发出这么一个信号：如果可以实时判断借款人的信用度，为什么还要使用历史数据呢？2014年，OnDeck公司以13亿美元的市场估值上市；2015年，它们开始提供信贷额度和长期贷款产品；[18] 到2018年，OnDeck公司就敢于自称是美国最大的小微企业在线贷款机构，累计已经发放了超过80亿美元的小微企业贷款。[19]

与借贷俱乐部和Kabbage公司一样，OnDeck公司专有的信用评分只有通过能够访问到非传统来源数据的应用接口才能实现。在2018年的一次采访中，朗迪峰会联合创始人彼得·伦顿谈到了早期先行者是如何为金融科技变革奠定基础的。他说："Kabbage公司从联合包裹、易趣等公司获得的数据，以及运用这些数据来进行预测——这是以前从来没有人做过的。""这是全新的情报来源。那些数据一直就在那里，但是以前从来没有人知道要如何去利用它们，直到Kabbage和OnDeck公司加入进来，才真正把它们整合利用起来"。[20]

2015年前后的小微企业借贷生态圈

早期先行者的成功并没有被人们所忽视。从2013年到2015年，好几十家新公司进入了小微企业在线借贷生态圈。这个领域变化得如此之快，以至于它连一个固定的名称都没有。有时，这个行业被称为市场借贷，以Prosper、借贷俱乐部和其他P2P贷款机构的早期成功为代表；而有时候，它又被称为在线贷款、替代贷款或金融科技贷款。

这一时期进入该领域的活跃参与者可分为六类。其中有四种不同类型的借贷机构：资产负债表贷款机构、P2P贷款机构、平台参与者以及发票和应付账款融资机构。此外，还有一些多头贷款中介市场，小微企业可以在这些中介平台上挑选不同的贷款机构以及购买和比较它们的产品。最后就是向该生态圈内其他参与者提供数据的一些公司（图7-1）。

贷款机构		中介市场	数据提供商
资产负债表贷款机构	• ApplePie Capital • CAN Capital • Credibly	• Fundation • Kabbage • OnDeck	• Biz2Credit • Fundera • Intuit QuickBooks • Lendio	• Dun & Bradstreet • Equifax • Experian • 费埃哲（FICO） • FreshBooks • 财捷（Intuit） • PayNet • TransUnion • Xero
P2P贷款机构	• Credibility Capital • Funding Circle	• 借贷俱乐部 • StreetShares		
平台参与者	• 亚马逊借贷（Amazon Lending） • 贝宝（PayPal） • Square			
发票与应付账款融资机构	• 美国运通 • BlueVine • C2FO	• Fundbox • NOWAccount • Taulia		

图 7-1 2015 年的小微企业金融科技借贷生态圈

资料来源：本书作者根据 Jackson Mueller, "U.S. Online, Non-Bank Finance Landscape,"（米尔肯研究所金融市场研究中心，相关研究数据截至 2016 年 5 月前）所进行的分析。

资产负债表贷款机构与 P2P 贷款机构

资产负债表贷款机构包括那些提供 MCA 产品和一至两年短期贷款的机构。这些公司在资产负债表上持有这些贷款。相比之下，P2P 贷款机构则为有兴趣的投资者与潜在借款人牵线搭桥。它们主导了早期的金融科技贷款领域，特别是在英国，金融危机后，英国政府加大了对新贷款机构的支持力度。在英国，该领域一个特别强大的参与者是 Funding Circle，这是一家专注于小微企业业务的 P2P 贷款机构，2013 年通过一次并购交易成功进入美国市场。[21]

平台参与者

尽管后来逐渐成长为在线借贷领域的重要参与者，但是借贷平台一直到 2011 年才算进入这个新兴市场，而且直到多年之后它们所付出的努力才真正转化为良好的发展势头。最令人瞩目的借贷平台当属亚马逊公司于 2011 年推出的亚马逊借贷（Amazon Lending），截至 2017 年夏天，它已经每年向小微企业提供 10 亿美元的贷款，额度从 1000 美元到 75 万美元不等。[22,23] 凭借其扩张到其他产品和服务的明显潜力，它成为值得关注的市场参与者。贝宝（PayPal）也于 2013

年推出了贝宝营运资本（PayPal Working Capital），截至 2017 年，已经向小微企业贷出 30 亿美元贷款。[24]

Square 拥有一个内部的小微企业客户基础，这些小微企业使用它们的卡支付处理设备，可以很容易连接到智能手机上。Square 的创始人杰克·多尔西（Jack Dorsey，也是 Twitter 的联合创始人和后来的首席执行官）发现，客户需要少量资金来满足其波动起伏的现金需求。他还看到了 Square 利用其专有的关于企业日常现金收入的数据所能获取的一些内部信息的价值，以及优先获得小微企业债务偿还收据的优势。2014 年，他成立了 Square Capital。2015 年，他从雅虎（Yahoo）挖到杰奎琳·雷瑟斯（Jacqueline Reses）来负责这项工作。截至 2016 年，Square 已经放贷 10 亿美元，平均贷款规模为 6000 美元。[25] 到 2018 年，Square Capital 每季度放贷近 4 亿美元，主要面向那些寻求非常小额贷款的极小微型企业，该细分领域的服务还很不到位。[26]

另一个重要的平台参与者是美国运通，它已经拥有由数以千计的小微企业信用卡用户组成的客户基础，并通过其"小微企业星期六"倡议和 OPEN 小微企业卡品牌建立起一定知名度的良好商誉。美国运通开始利用其可以接触到用户销售和支付信息的便利优势来向符合条件的美国运通信用卡用户提供贷款，让这些小微企业能够以较低的利率获得短期融资。

发票与应付账款融资机构

有一些新公司开始向那些有延迟付款客户或季节性现金流波动困扰的企业提供发票融资服务。虽然保理业务（企业将其发票出售给供应商，用一定的费用来换取即时现金的一种贷款方式）早已存在，但流程的自动化让所有的环节更加无缝衔接、环环相扣。

发票融资解决方案对小微型供应链企业尤为重要，这些小微企业在美国经济发展中所起的作用被严重低估了。[27] 回想一下我们在第 2 章中所提到的关于运输与物流服务（TLS）公司的例子：这是一家位于亚拉巴马州伯明翰郊外、拥有 10 名员工的卡车运输公司。现在想象一下，它最大的客户之一 ——可口可乐公司决定将其付款期限由原先的 30 天延长为 60 天。这将给 TLS 公司造成意料之外的现金短缺。在线发票融资服务为诸如 TLS 之类的小微型供应商提供了一种新的解决方案，让它们在需要的时候可以更快地拿到贷款。

另一方面，也有另外一种产品，比如美国运通所推出的运营资本定期贷款（Working Capital Terms），让企业可以通过由借贷平台垫付资金的方式来延期支付自己的应付账款，而企业只需在 30 天、60 天或 90 天内还清账款即可。这种产品和商业信用卡差不多，但具有更大的灵活性，它可以向不支持信用卡交易的商户付款，其条款和定价更像是一种短期贷款。

许多金融科技公司和借贷平台都纷纷开发具有独创性的发票融资和应付账款支付解决方案，其中包括 Fundbox、BlueVine、NOWAccount 和 C2FO 等公司。这些产品有些被归类为贷款，有些则不然。然而，所有提供这些产品的贷款机构都意识到，当它们能够拿到小微企业的发票时，其贷款的风险就低了，因为发票是可以拿来支撑垫付资金的一种强有力的抵押品。

从小微企业的角度来看，对它们来说，客户逾期付款一直是可能威胁到其生存的一个噩梦，各种创新产品的出现则为它们提供了大量更具成本效益、更加简单易得的选择。传统的保理公司，比如曾经的行业领导者 CIT 公司，却从来都无意于进行这种创新，它们的产品是出了名的价格昂贵和难以申请。正如我们在第 3 章提到的政府的 QuickPay 项目中所看到的，及时付款可以大大提高小微企业的现金缓冲和业绩表现。因此，这些金融科技贷款产品的出现可能会挽救成千上万的小微企业，使其免于因为时间差导致现金缺口而过早"夭折"。

中介市场

在此期间，另外一批进入该业务领域的是在线借贷中介市场。Fundera 和

Lendio 等公司让小微企业能够对从银行和替代性贷款机构方面购买贷款产品进行对比。贷款中介市场对通过其网站达成的每笔贷款收取一定的中介费,对许多正在想方设法争取客户的金融科技贷款公司而言,这笔中介费用已经被证实是完全值得的。贷款和抵押贷款的消费中介市场早已存在,但是要对小微企业贷款产品进行比较显得更加困难,因为这些产品具有更多的可变性,而且小微企业主们往往不太清楚自己需要什么样的贷款。尽管如此,小微企业在线借贷中介市场依然是一个急需的工具,因为它能够给客户带来一种更加透明、更不容易让人感到晕头转向的信贷服务体验。

数据提供商

数据提供商成为新技术支持的在线借贷生态圈的重要组成部分。Xero 和 FreshBooks 开始与 QuickBooks 进行竞争,后者是一款帮助小微企业进行财务管理的软件。账户聚合平台 Yodlee 提供软件帮助企业对未来的现金流和支出情况进行预测。

其他市场参与者则收集借贷行业本身的信息。PayNct 从银行和商业金融公司那里收集数据,为其平台上的贷款机构提供分析研判意见和信用等级评分。与此同时,Orchard 则收集并分享关于新的金融科技借贷市场参与者的数据,跟踪监测此类公司的数量和贷款发放情况,并提供关于这个新兴行业的高级分析结果。[28] 这些数据提供商为银行、在线借贷机构、决策者和监管机构开发出了重要的信息流。

小微企业在线借贷似乎即将腾飞

截至 2015 年,在线借贷机构每年发放的小微企业贷款约达 50 亿美元。[29] 摩根士丹利公司预计,到 2020 年,这些公司将占据小微企业贷款市场份额的

16.1%，但银行并不会面临太大的风险，相反它们只会失掉约 4.6% 的贷款规模。该公司还预测，在线贷款总量增长中的很大一部分（约 350 亿美元）将来自于向原先服务不够到位的借款人的信贷服务扩张。[30] 通过填补小微企业贷款（尤其是银行不愿受理的小额贷款业务）市场的空白，这些新进入该市场领域的公司将会有很大的增长空间。

在此期间，风投资金在金融科技领域的投资总量大幅飙升，仅 2013 年至 2014 年间就增长了近 200%，共完成 493 笔投资交易，总投资额达 100 亿美元（图 7-2）。[31]

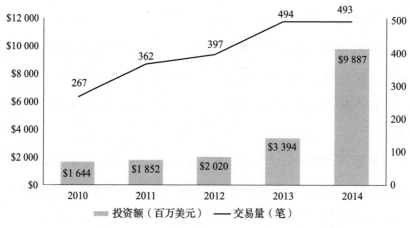

图 7-2　风投资金在金融科技领域的年度投资情况

资料来源："根据埃森哲和纽约市合作基金的一份报告显示，2014 年全美的金融科技领域投资增长了将近两倍"，埃森哲公司，2015 年 6 月 25 日，埃森哲根据 CB Insights 相关数据所作的分析。

新的小微企业金融科技借贷市场似乎即将腾飞——在创新周期的这个阶段，交易量加速增长，不断有新客户涌入网贷中介市场，把旧的产品和公司远远抛在身后。然而，尽管有投资和市场炒作，预期中的跃升式发展并未发生。相反，发生的只是另一个创新周期的开始。这一次，市场中原有的银行机构和其他新入市者——平台公司——起了带头作用，纷纷结合自身竞争优势开发出各种新产品和新方法。

组织理论专家杰弗里·A.摩尔（Geoffrey A.Moore）将不连续性创新描述为迫使我们改变自身行为或改良我们所依赖的其他产品和服务的创新。[32] 但是，他补充说，"真正的不连续性创新是要求最终用户和市场对其过去行为做出巨大改变，同时承诺将带来同样巨大的新收益的新产品或服务。"[33] 这一时期，金融科技创新改变了原有的金融产品市场，但出于种种原因，它们无法被证明是"真正的不连续性创新"。

金融科技领域的先行者通过使用新的信息来源和技术，以高度自动化的方式提供新的贷款产品，震撼了整个行业。从小微企业主的角度来看，其客户体验感明显得到改善，特别是在贷款审批速度方面。但在其他重要方面，实际推出的产品几乎没有什么真正的创新。由于新推出的很多产品都具有价格高、透明度低等特点，小微企业开始对市场中的一些不良行为者表示担忧。金融科技借贷领域的成功故事开始出现一些裂痕。

小微企业在线借贷机构所面临的挑战

到2017年，该行业内部潜在的一些问题也开始困扰新兴的金融科技公司。人们对于小微企业在线借贷市场未来的乐观预测正在逐步下降。这在很大程度上是因为，越来越多的人意识到，新的金融科技公司所带来的许多创新也可以被市场中已有的银行机构所模仿，同时人们也在担心，如果大型平台参与者选择进入该市场领域的话，它们所能利用的各种优势可能会给其他市场参与者带来冲击。

有一点开始变得越来越清楚：已有参与者和市场颠覆者各有各的优势和劣势，但是只有那些能够最快速有效地补足自身短板的市场参与者才能成为赢家。真要拿已有参与者（诸如摩根大通和富国银行等大型银行机构以及规模较小的社区银行）与新入市的金融科技公司进行比较的话，很明显没有谁是明显的赢家。相反，这是一个双方各有千秋、有点交错复杂的局面（图7-3）。

图 7-3 已有参与者和市场颠覆者各自的优势与劣势

资料来源：本书作者根据"100 名勇者：小微企业借贷领域的至尊之战"（The Brave 100:The Battle of Supremacy in Small Business Lending, QED Investors 投资机构与奥纬咨询公司（Oliver Wyman），2015 年）所做的分析。

　　该市场领域中已有的银行机构拥有大量的客户群，这是金融科技公司费尽全力都难以找到的。OnDeck 公司和借贷俱乐部 2015 年年报显示，销售和营销这两项对于这两家借贷机构而言，都是其最大的运营支出，分别占其总收入的 24% 和 40%。[34] 以每笔贷款计，获得一名新客户的平均成本大约为每笔贷款 2500~3500 美元。[35] 相比之下，2017 年，新英格兰区域性贷款机构东方银行（Eastern Bank）报告称，其每笔额度在 10 万美元以下的小微企业贷款的平均营销成本为 500 美元。[36]

　　银行还能吸收到低成本存款，而在线借贷机构在很大程度上却只能被迫依赖于资本市场来为贷款提供资金。追求收益的个人和对冲基金是其早期的资金来源，但它们成本高昂，而且随着联邦储备委员会（Federal Reserve）开始加息，一些金融科技贷款产品的真实风险水平变得越来越显而易见，这些资金来源也很快就枯竭了。

　　早期的时候，针对非银行贷款机构的联邦监管缺失被认为是它的一种优势。《多德 - 弗兰克法案》的通过使银行受累于不断上涨的合规成本，这也引起很多人纷纷预测，市场颠覆者将从"监管套利"中获得巨大利益。然而，缺乏联邦监管是一把双刃剑。非银行机构无法获得联邦特许，实际上可能也抑制了在线借贷机构在全国范围内的成长发展，因为它们被迫只能一个州一个州地去申请经营许可证，与银行机构合作，或者推出不能算是贷款的产品。

早期的金融科技公司明显已经推出不少创新，为小微企业借贷市场中的借款人和贷款机构能够更顺利地进行匹配清除了一些障碍。它们通过运用技术手段来提供更简单、更快捷的数字化客户体验，创造了一种优势，但是还不清楚这种优势是否能够持续。尽管金融科技借贷是最先流行起来的，但是没有什么能够阻止市场中已有的银行去模仿它们，甚至在自己的游戏中击败它们。

到 2018 年，随着 P2P 借贷的增长停滞，整个市场正在加强整合，传统银行越来越多地通过收购、模仿或合作等方式来引入金融科技创新。也许这就是为什么 2018 年的朗迪峰会和 2013 年刚开始时相比，气氛不像以前那么热烈，也是为什么峰会新增了一整个板块专门讨论区块链技术相关问题的原因了。

尽管时断时续，但是金融科技的创新周期已经在路上。先行者们已经表明，银行和其他贷款机构如果还是按照几十年前那样的水准来提供小微企业贷款产品和服务的话，那是令人无法接受的。小微企业已经体验到新水准的服务，势必将要求更多。舞台已经搭建好了，接下来就看科技如何改变游戏规则——由现有的市场参与者和未来更多加入其中的企业所带来的各种创新，将如何以一种新的方式，用更负担得起、更综合、更智能的服务来满足小微企业的各种金融需求。

Fintech,
Small Business & the
American Dream

科技改变游戏规则：
小微企业乌托邦

　　一个星期四的早晨五点半，爱丽克丝啜饮着手中的拿铁，手肘搁在服务柜台上。每天这个时候，阳光透过前窗照进她的咖啡店，在早高峰开始前，她享受着片刻的宁静。在她召集店员们进行晨间的打气谈话（并喝上一杯意式浓缩咖啡）前，还有 30 分钟的时间，她打开 iPad，调出她最为珍贵的助手：她的小微企业控制台。右上方的图表预测了她到周末的现金状况。扣除工资费用后，她还可以剩下 5000 美元。几秒钟内，爱丽克丝的补给顾问就搜索了她的账户、销售和开支历史记录、当地天气预报、活动信息以及过去的旅游数据，并告诉她，未来一周里她将需要五套新的过滤器和 1000 个塑料杯。于是她轻轻一点就在亚马逊（Amazon）上下单。她还知道店里需要新添一台意式浓缩咖啡机，但她已经把这事拖了一个多月了。现在有了账户里剩下的这些存款，她可以要么订购一台新的咖啡机，要么还掉两年前为创业而申请的定期贷款。如果她继续推迟更换新的咖啡机，旧的那台咖啡机随时都可能会坏掉，而意式浓缩咖啡是她这家店菜单上仅次于冰咖啡的第二热卖品。而另一方面，她已经差不多还清贷款了，再拖一个月的话利息就要增加。实在是左右为难。

　　爱丽克丝向她的机器人顾问征求意见。"你完全可以两头兼顾呀，"它回复说，"考虑到你这个月的预期销售额，你应该可以用你的存款来偿还贷款，然后用信用卡来刷浓缩咖啡机，你的信用卡上还有 3500 美元的可用额度。根据当前的销售预测，30 天后信用卡还款期限到期时，你应该有足够的现金来还款了。"

爱丽克丝下单订购了意式浓缩咖啡机，也还了贷款，为了保险起见，她还推迟了一周给自己发工资，心里清楚自己存款账户里已经有足够的钱，而且下周就是学年结束暑假开始的时候，店里的销售额将会飙升。为了确保不出差错，她快速查看了自己的信用额度，银行机器人助手确认她有 3500 美元的可用额度，然后她又根据前几年的销售情况核对了一下预期销售额。想起唐恩都乐（Dunkin'Donuts）最近在这条街新开了一家门店，爱丽克丝赶紧向机器人助手咨询下阶段的销售建议，以确保暑假开始后第一周的销售目标能够顺利达成。

"下周气温将超过 75 华氏度，所以利润率为 53% 的冰咖啡可能会比平时卖得更多。唐恩都乐下周有冰咖啡大减价活动。他们过去进行类似的促销活动时，你平均每天要少掉 7 个客户。如果你给老顾客赠送 张冰咖啡减 1 美元的优惠券，预计你下周的利润会增加 3%。你想让我现在就给你的老客户发一张电子优惠券吗？"爱丽克丝手指轻轻一点，优惠券就发送出去了。和店员们进行晨间打气谈话之后，爱丽克丝打开店门迎接新的一天，内心对自己这家小店的未来发展充满信心。

这天快要结束的时候，爱丽克丝正准备打烊，机器人助手提醒她今天是 6 月 1 日，又快到缴纳季度税的时候了。她一下子就担心起自己在买新咖啡机时把还要纳税这事给忘了，不过随后机器人助手就说："别担心。你预计需要缴的税已经计入你 6 月份的现金预测中了。"最后，她在平板上点了几下，又滑了几下，周五的工资表就做好了，员工的工资扣除了医疗保险，纳税申报也准备好了。

小微企业乌托邦

爱丽克丝的故事让我们不禁去想象金融科技创新能够为小微企业主们提供的金融服务可能将迎来的一个黄金时代。我们将这种未来的理想状态称为"小微企业乌托邦"。爱丽克丝可以获得经营和发展业务所需的资金，可以很容易地了解自己的现金流情况，可以实时得到关于客户获取和销售技巧的深刻见解，帮助她把生意做得更加红火。在这个故事里，一台机器大大增强了爱丽克丝打理生意的能力，所凭借的就是人工智能，它收集了一系列数据，知道如何对这些数据进行评估并加以学习借鉴，还可以回答主人公关于其公司财务状况的问题。

在消费贷款领域，我们可以轻而易举地想象出这个未来世界。已经有手机银行应用程序可以用来查看我们的 FICO（Fair Isaac Corporation）信用等级评分、可用信贷额度以及我们每个月的支出情况。集成所有这些功能的平台未来很有可能就会出现，甚至很有可能会有机器人可以给我们提供办理抵押贷款或何时为学生贷款再融资的建议。

小微企业借贷的未来与消费贷款的环境可能会不太一样，因为小微企业主的需求与普通消费者的需求是不一样的。未来的"智能"环境将把当前小微企业主只能费劲地通过手动处理的毫不相干的信息源整合在一起。今天，会计软件、银行余额、信用卡、缴纳税款和银行贷款都存在于它们自己的信息流中。这是等着小微企业主或其顾问或会计来对它们进行整合，并对其现金余额和商业决策产生影响。将这些信息融合到单一平台上的技术已经存在，或者很快就会出现。想象一下，有这么一个智能虚拟助手，它依赖于一系列自动化功能和预测公式，而所有这些都有助于对大量可用数据进行编译和分类，以及对小微企业未来的销售情况和现金需求进行预测。

要达到小微企业乌托邦这样的状态，需要具备三个条件。首先，需要有相应的技术来让关于小微企业的信息流变得更加易得，并通过某种方式把它们整合起来，以更好地说明小微企业的财务健康状况和未来需求。其次，需要有更容易申请的、面向小微企业借款人的信贷或其他合适的贷款产品。这就要求贷款机构要不断提升自己在判断谁的信誉度更加可靠方面的专业性。最后，为取得成功，新环境必须围绕小微企业的需求来打造，而不能只是将消费者概念简单地修改为小微企业概念。这三个条件在过去都很难满足。但是今天，它们可能已经触手可及了。

掌控一切的平台

在上述关于爱丽克丝与她的咖啡店的故事中，她来到上班的地方，登录一个系统，就是她的小微企业控制台。这种专为小微企业打造的控制台在今天是不存在的。不过，今天的企业主们也有一个系统，可能是 QuickBooks 或 Xero，用于会计软件；一个门户用于银行交易；另一个（如 HubSpot）用于营销；还有一个单独的工资系统，如 ADP 或 Gusto。此外，还有一个单独的医保或福利门户网站，而税款则常常是线下支付的。

问一问小微企业主他们担忧的是什么，他们往往会说担心忘记缴纳季度工资税，或者担心因为自己的疏忽没有把可能会欠别人的钱先留起来而出现资金短缺。他们害怕自己没有计划好季节性的现金需求，比如当他们需要为大笔的库存订单付款时，或者当某个大客户延迟付款时。在大型企业中，企业资源规划（ERP）系统负责做好现金预测，它基于一个综合性平台，整合了销售系统、供应链系统以及生产与产品数据等。

类似这样的一个小微企业系统至少要涵盖四项关键的功能：银行业务和支付、贷款和信贷、会计以及税务。控制台最关键的价值就是让企业的未来现金流状况变得更加清晰可见。大家都清楚能够更准确地知道未来何时会出现不景气或者资金短缺以预留出一些"未雨绸缪"基金的价值。这种对于未来现金流状况的一目了然，会让一家处于成长期的企业从中受益，让它有信心做出一个重大的投资决定，如扩产或购置新设备。在这个"乌托邦"的世界里，可能倒闭的好企业会变得更少，而更多的企业将有信心和财力资源来成功发展。

一个现金流控制台不仅会让小微企业主从中受益，它也将为贷款机构创造宝贵的信息流。今天，亚马逊、美国运通和 Square 等贷款机构都依赖于它们平台上的交易数据。但是，对于那些不从事零售业务的小微企业，贷款机构还没有相应的、关于其未来发展前景的实时数据。如果有一个平台，能够提供涵盖收入、收据、订单、支付给供应商的账款和其他费用支出的智能化组合信息，那将能够帮到贷款机构，让它们只需按下一个按钮就能做出信贷决定。企业可以更安全地向前发展，清楚自己拥有更大的现金缓冲空间，而贷款机构也将获得现金流透明化给贷款审核和风险评估过程带来的好处。

今天，创建一个互联式控制台的技术已经存在。但是，如果这是小微企业想要的，为什么它还没有被开发出来呢？今天，每个数据流都还只是存在于不同数据提供商（如 TurboTax 或 Visa）各自的权限范围内，但是有的提供商可能愿意、有的提供商并不愿意把访问权限开放出来。有些数据，比如银行业务信息，并不受企业主的掌控。这就是为何欧洲和英国的"开放式银行业务（Open Banking）"倡议——把银行业务数据的所有权交给消费者和小微企业——如此意义重大的原因了。（开放式银行业务及其影响将在第 11 章作进一步讨论）。

然而，毫无疑问，小微企业智能平台将在大数据和人工智能其他领域的带动下快速发展起来。综合不同数据源，采用分析技巧来理解新的模式及对未来进行预测的做法，已经在诸如市场营销和客户获取等许多领域发生。这些相同的能力将成为创建智能小微企业财务平台或控制台的基本要素。

大数据、预测模型与人工智能

在我们的采访中，听到过这么一个故事：上海的一名男子通过支付宝（阿里巴巴开发的一项支付应用）购买咖啡。当他坐下来准备喝咖啡时，他的智能手机收到一条通知，为他提供了一条（基于他以前在该地区旅行经历规划的）预测路线的地图，并通知他说，他可以在沿途的两家小商店获得 10% 的折扣。在美国，iPhone 已经开始更巧妙地为用户提供此类信息，比如引导你走交通最不拥堵的路线"回家"，并预测你在沿途可能要停留的地点。Facebook 有一项功能是，在用户来到一个新的城市时，都会向他们提供一个他们可能喜欢的附近餐馆的列表。而我们对于在谷歌和亚马逊上看到根据我们搜索历史推送的广告已经习以为常了。

英国一家大型银行向我们讲述了一个故事，一个关于他们的一位客户、一家想要更多了解其客户的小型海滨酒店的故事。该银行拥有这家小酒店很大一部分客户的大量信息，因为这些客户中有许多人使用该银行的信用卡来支付其酒店住宿费。银行可以提供关于酒店客户的一些匿名数据和情报信息——比如他们从多远的地方而来，或者他们还喜欢其他什么食物或活动——这将有助于酒店制定更好的以客户为中心的服务和营销计划。

未来最终的小微企业控制台将把来自于企业过去活动（即销售、采购等）的情报信息与预测和营销建议结合起来，从而产生一个像爱丽克丝咖啡店里一样的那种商业智能机器人。如果预测的业务趋势显示有进行投资的现金需求或常规的现金波动，企业主可能会想要申请贷款或提升信贷额度。这个智能机器人将能够帮助这些小微企业主更顺利地获得信贷，它会对可用的选项进行对比，并根据需要提出提取信用贷款的建议。

为了使我们想象中的机器人发挥作用，小微企业信贷市场需要比今天更加透明、更加高效。这种未来的理想状态需要更多标准化和明确定义的贷款产品，以及简单明了的信贷标准，这样小微企业才能迅速和准确地知道它们有多少可用的信用额度。小微企业信贷中介市场，如 Fundera 和 Lendio 已经在这方面取得一些进展。此外，标准化、自动化的信贷计算公式的出现，正在推动小微企业信贷朝着这样一种状态发展：一家小微企业有一个现有的信用池，它们可以按照自己的意愿从中提取，就像商业信用卡的信用额度一样。最终，这种信贷额度将能够直接显示在智能化的小微企业平台上，借款人只需按一下按钮就能随时取用。

大数据在建立信誉度方面的作用

新的大量数据来源的可及性不仅有助于小微企业主打理其生意和预测其信贷需求，大数据也在改变贷款机构做出信贷决定的方式。金融科技公司出现后，数据的使用开始慢慢多起来。其中最重要的突破之一实际上是相当平常的，那就是OnDeck首创的一个想法：将企业银行账户的当前活动情况作为更能及时反映企业信誉是否可靠的一个指标。一家按时支付其租金和供应商账款的企业可能比那些延迟或忘记付款的企业更有希望申请到贷款。其他数据流，如Yelp评论，看起来是很有趣，但作为初始阶段的算法可能很难从这些新的指标中得出什么好的结论。不过，这种情况可能正在发生改变，因为使用新来源（比如手机）的数据的可能性，几乎是无止境的。

塔拉移动的故事并不是一个孤立的例子。许多传统的和新的贷款机构，从大型银行到亚马逊和谷歌这样的平台参与者，都拥有大量的数据，可以用来生成关于小微企业需要什么样的贷款和何时需要贷款的信息，以及关于该企业可以做些什么来提高其销售额或者说以其他什么方式来改善其财务状况的信息。

大数据、预测算法和其他种类的人工智能的潜在用途既令人兴奋又令人恐惧。和所有的进步一样，在我们为小微企业及其贷款机构所设想的那个未来世界中，其实还是有很多潜在的不利因素。其中一个比较大的风险就是，由算法驱动的决策，可能会导致意料之外的后果，甚至可能导致数据的滥用。

试着想象一下，有家汽车保险公司在对它的客户数据进行筛选时，发现了一个持续和车祸事故发生率增加30%相关联的因素。你能想象得到吗，这个因素居然是汽车司机是否购买冷冻比萨饼。这个例子可能听起来有点荒谬，因为购买冷冻比萨饼的行为和车祸事故之间并无明显的因果关系，但这是根据一个真实的故事改编的事例。本例中那家保险公司的真实原型决定不用这些数据来决定他们的保费，原因有二：第一，如果人们发现购买冷冻比萨饼会增加他们的保费，他们就会不再去购买比萨，而不会去改变真正造成事故发生的其他风险因素。第二，该公司认为如果他们使用这些信息的行为被人们知道，可能会引起公众的强烈抵触。

用安卓应用解锁信贷新玩法

Tala Mobile 公司是一家专门向菲律宾、肯尼亚、坦桑尼亚和墨西哥的个人和小微企业提供小额贷款的公司，它从用户的移动设备中提取数据，将其转换为可扩展的格式，并利用这些数据来分析企业主的行为和偿还贷款的可能性。在客户的许可下，Tala 公司通过其安卓应用获得了大量的信息，包括商户交易、通话记录、收据和其他预测性数据。Tala 公司不仅根据这些信息来判断企业主的信用度，还用这些数据来帮助它们进行商业计划的制定和现金流的管理。

Tala 公司将其工作重点放在服务不足的社区，这里有些潜在客户往往由于缺乏信用记录而不为人所知，而 Tala 公司通过利用这种新的数据来源和创新的信用评估方法，已经取得成功。自 2012 年成立以来，Tala 公司已经向三大洲五个国家的 150 多万人发放了 700 万笔贷款。该公司在短短不到三年的时间里共计放贷 3.5 亿美元，同时还能保持着低于 7.5% 的转呆账率。[1]

但是，假如这家保险公司做出相反的决定，或者有家小微企业贷款机构使用类似的数据来进行其贷款审核和定价决定呢？如果小微企业主的信贷申请突然被拒绝，他们能够向谁哭诉呢？该企业是否有权要求对用于做出该决定的数据进行公开审查呢？谁来控制这个算法呢？

在我们在对金融科技下一阶段的创新进行思考时，这些都是与之息息相关的问题。在英国，监管机构已经实施了开放银行业务制度，大大促进了金融实体之间的数据共享，在这种制度下，小微企业和消费者拥有他们自己的金融数据。[2]他们的经验将开始检验一些重要的问题，如什么人可以使用这些数据以及如何使用，而可能最重要的还是，当贷款机构越来越多地从预编程算法转向机器学习时会发生什么。

一个黑匣子

2000 年，谷歌联合创始人拉里·佩奇（Larry Page）说过，"人工智能将是谷歌的终极版本，能够对网络上的一切了如指掌的终极版搜索引擎。它将能准确地了解你想要什么，并把你所想要的给你。我们现在还远远无法做到这一点。不过，我们可以逐步接近这个目标，这基本上就是我们所努力的方向"。[3]

我们很容易就能发现人工智能的进步也会有黑暗的一面。2016 年 3 月，发明家大卫·汉森（David Hanson）带着他最新的小发明接受美国全国广播公司消费者新闻与财经频道（CNBC）的采访。随后发生的事情震惊了世界：一个按照奥黛丽·赫本的形象打造的栩栩如生的机器人——索菲亚，在回答汉森的问题"你想毁灭人类吗？"时回答说："好吧，我会毁灭人类。"[4]科技狂人埃隆·马斯克也曾警告说，"我越来越倾向于认为真的要有一些监管监督，或许可以是国家层面的和国际层面的，以免我们干出什么蠢事。我这么说的意思是，研究人工智能就如同在召唤恶魔"。[5]

经济学家已经开始探讨人工智能对创新的影响。他们将人工智能视为一种"通用技术"，就像我们的创新故事中的半导体一样，很可能会推动多个行业取得重大的进步。[6]人工智能有可能成为创新的强大助推器，因为它实际上是一项"关于发明新方法的发明"。[7]这些经济学家还认为，最后的赢家将是那些控制着大量非结构化数据的人。

这就提到人工智能的一个潜在风险了。如果允许某些公司对数据收集进行垄断的话，这可能会给未来的创新及其带来的共享利益造成不良影响。正如我们将在第 11 章中作进一步讨论的那样，未来的监管必须确保开放对数据流的访问权限，以为小微企业和其他行业提供更好的深刻见解。

此外，随着机器学会识别谁更有可能拖欠贷款，歧视和排斥的风险变得非常大。最令人担忧的是，数据将在一个"黑匣子"中被分析；没有人知道机器到底是用什么来做建议或决定。因此，虽然我们前面的例子中的保险公司可以故意决定不把购买冷冻比萨饼纳入其算法，但机器可以发现相同的相关性，并在没有明确的规则阻止它这样做的情况下，把它作为一个定价因素。同样的道理，机器可能会发现一个风险因素，而这个因素恰好与种族、性别或其他受保护阶层的特征密切相关。缺乏直觉和情景意识的机器可能会引发严重问题。

黑匣子模型并非不可审计；它们只是无法理解而已，但人工智能有可能会让它们变得能够理解，并对它们进行监测或控制。无论是公司还是监管机构，都需要开发新的技术和方法来解开未来算法的内部运作之谜。即便可以开发出能够检测出差别待遇和其他不良结果的自动化，似乎还是需要监管机构对公司内的这些重要事项进行人为监督。

未来的小微企业银行

按照传统的做法，小微企业贷款和服务也是银行在做的，它们同时也为消费者提供服务，从事房地产交易以及其他重要业务。关于一家银行或其他金融实体只专注于小微企业业务的想法，在金融服务市场领域还是一个比较新颖的概念。不过，就是需要这样的一个实体，在发展我们前面所描述的小微企业控制台及相关的综合信贷业务方面，可能才会具有竞争优势。

小微企业控制台及为其提供支撑的人工智能并不像人们所想的那样与消费者系统之间有那么多共同之处。一名普通消费者可能更专注于如何偿还学生贷款，如何整合信用卡债务，或为上大学、度假或退休做好计划。虽然在小微企业的世界里也有可类比的情况，但它们的基本活动和担忧是不同的。小微企业主的关注点主要都围绕其企业的内部运作：是否有利润，现金流是否足够支付应付账款。

银行进一步专业化的另一种方式是满足按照其所属行业、地理位置或规模大小来进行区分的特定细分行业的小微企业的需求。鉴于小微企业的异质性，这样的术业专攻可能会是一个制胜的公式。Live Oak 是一家成立于 2008 年的具有前瞻性的银行，一开始几乎只向兽医提供贷款。随后，它们又向殡仪馆和养鸡场提供贷款。这种早期的专业化使其对每个选定的小微企业领域的特殊活动和信用度都有独特的见解。Kabbage 开始与易趣的线上卖家合作。其他贷款机构则专门为女性或少数群体拥有的企业或政府承包商提供服务。

未来的小微企业银行甚至可能不是我们今天所认为的这种银行。它有可能是一家在线实体，其交易全部通过传统银行来进行，也有可能是诸如亚马逊之类当前的平台参与者之一，还有可能是诸如美国运通、Capital One 或维萨（Visa）之类的金融服务机构的竞争对手。金融科技浪潮给小微企业借贷行业带来的创新推动的好处是，所有这些竞争者都在认真考虑它们各自拥有的选择。而且它们中大多数在做这件事的时候，都对其潜在的小微企业客户的特殊需求有了新的认识，并都希望能够把客户服务好。

关系在未来的作用

乍一看来，在一个贷款审核、处理和咨询都由科技支撑的新时代，关系型借贷可能将毫无立足之地。但情况并非如此。小微企业的问题是如此的特殊，而企业家又是如此的不同，因此，如果能够通过可承受的代价来建立和维系关系的话，那么关系依然还是很重要的。

社区银行在小微企业贷款方面历来就拥有特殊的竞争优势，主要是因为它们与小微企业客户的关系，它们通过这种关系对客户提供建议和咨询。这些对话有助于提高客户与产品的契合度——为小微企业提供适当金额、适当期限和适当成本的贷款产品，以便它们能够成功地将贷款用于预定目的并如期偿还。在提高利润空间的压力下，社区银行已经被迫远离这样的关系，特别是与规模最小的企业的关系，因为这种私人关系的建立和维护成本都很高。

未来谁将来填补这些需求的空白呢？小企业管理局在这方面扮演了重要的角色，它利用小微企业发展中心和 SCORE 志愿者的庞大网络，[8,9] 每年为 100 多万家小微企业提供咨询服务。历史上，社区发展金融机构（CDFIs）曾经通过个人关系和意见建议向服务不足的借款人提供获得信贷的机会。[10] 它们是有价值的参与者，但由于资金有限，它们无法满足市场的需求。

答案很可能是，人类和人工智能的结合将提供一套新的解决方案。小微企业主可以使用自动化智能来了解他们的需求，并在条件允许的情况下获得信贷。但他们也需要这种人与人之间的对话或关系，以帮助他们做出更复杂的决定。

摩根大通采取了这种二元化的做法。除了数十亿的金融科技投资外，它们还投资于面对面的服务。2018 年，该银行宣布将增设 400 家分行，并推出摩根大通商业贷款计划（Chase for Business）BizMobile ™。[11] 下图这辆巴士会停到指定区域，然后邀请小微企业主上车，与他们就其营销策略和融资需求进行交流（图 8-1）。[12]

图 8-1　摩根大通商业贷款计划（Chase for Business）BizMobile™

资料来源：摩根大通 BizMobile 商业贷款计划先导广告，2018 年 6 月 14 日。

可以想象得出，我们的咖啡店老板爱丽克丝也需要一个值得信赖的人类顾问来辅助被证明非常有用的机器人助理。虽然人类顾问可以是平台的一部分，并且在不同的地方提供服务，但是如果他们了解当地情况的话，似乎会更加有用。在一个最优的未来小微企业生态圈里，为小微企业主提供的新智能，容易获得的贷款产品，以及人类的建议和咨询意见，都将是组合的一部分。

未来的小微企业银行可能是如今已然是该市场领域其中一分子的一家大型银行或小型银行，它可能是一个借贷平台或一家金融技术贷款机构，也可能是目前还不存在的一个新实体。这些"银行"可能只有少数几家，也可能有很多家，它们各自服务于不同行业。随着创新周期不断向前发展，在前进的道路上可能会出现一个洗牌过程，能够成功留下来的将是那些真正了解小微企业需求并以精简的方式为其服务的公司。因此，在这种未来状态下，小微企业才是最终的赢家。

9

银行的游戏手册

　　那是 2017 年 1 月一个寒冷的冬日，东方银行首席执行官鲍勃·里弗斯（Bob Rivers）凝视着窗外，俯瞰着波士顿市中心，思索着东方银行最近的创新冒险。里弗斯刚刚成为东方银行的董事长兼首席执行官，35 年前他从一名银行出纳员开始自己的职业生涯，期间在几家银行之间跳来跳去，职位也不断晋升，2007 年成为东方银行的董事长。里弗斯已经看到了颠覆的迹象——科技似乎正在接管这个世界的一切，银行业也不例外。现在，这家银行正处于一个为期三年的内部创新项目的尾声，项目的目的是给客户带来新的技术解决方案。东方银行实验室已经开发出一个非常成功的、完全自动化的小微企业贷款产品，被公认为业内领先，并得到东方银行客户的广泛采用。

　　里弗斯对他们所取得的成就感到非常自豪。东方银行从各方面来看都是一家传统银行，它于 1818 年在马萨诸塞州的塞勒姆成立，是美国最古老和最大的互助银行。作为一家互助银行，意味着东方银行没有股东，而是由其储户共同拥有——这样的模式将银行的资本总额限制在留存收益上。东方银行最初是一些比较有钱的新英格兰商人和船主为了给社区内的居民建房提供资金所做的一种尝

试，所以最初每周只开放一次，时间为每周三中午 12 点至下午 1 点。它提供 5%
利息的活期存款账户，是现代住房抵押贷款的先驱。除了偿还贷款的本金和利息
外，借款人还需要支付一项额外的"费用"。他们必须在银行做志愿者，以延长
银行的对外开放时间。将近 200 年来，这种专注于社区服务的做法和共同所有权
结构一直是东方银行的基本特征之一。

在 20 世纪 80 年代和 90 年代的大部分时间里，东方银行一直作为一家传统
的社区银行在运营，用它庞大的分行网络服务整个新英格兰地区，专门从事中小
型企业业务、消费者银行业务和保险经纪业务。1997 年，东方银行开始大规模
扩张，目标是在十年内将银行的规模扩大一倍。十多年后，随着美国逐渐从大萧
条（the Great Depression）以来最严重的金融危机中走出来，东方银行才发现自
己还是比较幸运的。由于账面上的风险贷款很少，它以最小的损失躲过了这场危
机，而且没有关闭任何一家分行。随着危机的结束，里弗斯意识到东方银行有能
力满足那些在危机期间信贷受到限制的小微企业的需求。按照里弗斯的说法，他
的团队觉得他们"既有机会也有责任站出来"。他们决定把重点放在由小企业管
理局（SBA）做担保的贷款项目上，在做大做强小微企业板块的六个月里，东方
银行一直是马萨诸塞州最大的 SBA 贷款机构，并最终成为全美排名前十的 SBA
贷款机构之一。

但里弗斯还是很担心。小微企业借贷是他们的核心业务，但金融科技颠
覆者正在提供更好的客户体验，并且处理贷款的速度比东方银行的人工流程
更快。下决心要拼一把的鲍勃·里弗斯决定和首席信息官唐·韦斯特曼（Don
Westermann）到麻省理工（MIT）所在的肯德尔广场（Kendall Square）转一转，
这些金融技术企业家中有很多人正在那里孵化他们的公司。由于在这个领域没有
什么门路，里弗斯和韦斯特曼主动给那些和他们素昧平生的人打电话，与他们
所能找到的人会面。里弗斯的终极目标是要找到人来对东方银行的技术进行改
造，他认为："我们是应该担心别人会把我们逼上绝路，但是我们自己更应该要

有置之死地而后生的勇气。"有一天，里弗斯拿起《波士顿环球报》(*The Boston Globe*)，注意到总部设在波士顿的网上银行 PerkStreet Financial 正在为维持生计而奔波。PerkStreet 一度被认为是银行业的未来，却在开业仅仅四年后就面临倒闭。但 PerkStreet 背后的天才创新者激起了里弗斯的兴趣。于是他拿起电话，打给自己在肯德尔广场的熟人，问他们是否能帮他联系上 PerkStreet 的首席执行官丹・奥马利（Dan O'Malley）。

里弗斯打电话的时候，奥马利已经花了大约一个月的时间四处寻找一家能够合作的银行。他认为自己在 PerkStreet 的项目如果放在银行而不是通过一家独立实体的话会更容易执行。经过三个月的谈判，奥马利正式加入东方银行担任首席数字官，负责银行的产品开发团队、客户支持和"东方银行实验室"——位于东方银行总部大堂的一个新设立的创新小组。在董事会每年投入 400 万美元的资金支持下，东方银行实验室开始进行一系列的试验。

一开始，他们只是做了一个基础的网页，并利用客户支持团队通过电话和电邮的方式来联系潜在客户。一旦客户提出贷款申请，其信息就会在两小时内得到人工处理，大大缩短了周转时间，而且无须去创建一个自动化系统。用奥马利的说法是，"我们决定假戏真做，直到成功为止"。

但是，让一个创新团队待在传统银行内部工作其实并不容易。新产品的试验过程是混乱的，还可能会有风险。比如，在奥马利的第一次试验中，他想进行一次他所谓的"万象试验"，为任何申请者批准贷款，就只是为了看看是否有对更快的在线申请程序的需求。团队中有位成员的反应是，"所以你的意思是要让我打开窗户，拿出纳税人担保的钱，向任何出现的人发放。这真是我听过的最愚蠢的主意了"。

即便是那些不在实验室工作的人也感受到了它的影响——毕竟，他们每天上班经过大堂时都要看到它。有些人认为，投入在实验室的资金和精力完全可以更好地用来支持他们的日常运作，或用于其他新项目，如开发他们之前一直在关注的移动银行应用。

尽管有这样那样的压力，实验室还是开发出了一个成功的产品。花了长达 3 年的时间、1200 万美元和多次试验，一个从基础网页开始做起的项目最终蜕化成一个产品，使东方银行的小微企业借贷实现完全自动化，并通过数字营销提高了客户获取率，同时还满足了银行的监管和内部的贷款审核要求。奥马利看到了向其他社区银行推销该产品的商机，并深信这种自动化的贷款处理流程与经过改善提升的营销手法的结合，会让该产品具有一种独特的吸引力。正如他所说的，"实时贷款发放降低了后台操作成本，但其本身并不能推动增长。增长来自于新的（数字）渠道的自动化销售"。最终，奥马利将该产品剥离出来，成立了自己的公司，取名为 Numerated 成长科技公司（Numerated Growth Technologies），东方银行在其中拥有股权。[1]

小微企业银行业的未来

东方银行实验室被视为一个成功故事，其他小银行也开始注意到它。如果一家拥有 200 年历史的互助银行都能这样创新，或许它们也可以。或者，它们可以把像 Numerated 这样的产品整合到它们现有的系统中。这些银行也开始意识到，那套被数字化的流程其实就是它们机构内部本已经存在的流程。虽然实现流程自动化的动力可能来自外部，但银行还是有很多不同的选择来适应新形势，包括打造自己的新产品或与金融科技公司合作等。

帮助东方银行取得成功的关键之一是它长期以来专注于为小微企业服务的特性。银行在考虑小微企业信贷的未来时，还像以前那样把小微企业借贷仅仅作为消费者业务的附加部分或其规模较大的商业贷款部门的一个分支，是不够的。未来成功的小微企业借贷机构会将小微企业视作自己的专业领域，打造出更好的客户体验和创新产品，让小微企业从新的竞争对手那里看到自己的期望和需求。

如果有银行确实想要成为"未来的小微企业银行"，它们可以通过多种方式获得竞争所需的专业知识和技术。大约就在 Numerated 从原公司分立出来的同时，金融科技公司和银行之间的合作也开始爆发式发展。2015 年 12 月，摩根大通率先宣布与大通品牌下的 OnDeck 建立合作关系。[2,3] 这并不是一个简单的过程，摩根大通整整花了一年多的时间来完成这项合作，因为系统集成的技术规则和第三方规定要求 OnDeck 必须符合银行供应商的标准。这项合作被许多人认为是一个高明的决策。通过它，摩根大通获得了领先的金融科技公司之一的技术和专业知识，却不需要花上数十亿美元来收购 OnDeck，要知道 OnDeck 在一年前刚刚上市，市场估值是很高的。而银行赢得的另一个胜利是，大通成为给小微企业提供这种新水平服务的品牌。但是，也有一些人认为这项合作是一个错误，其中包括银行内部的一些人。为什么不像富国银行那样打造自己的创新产品？为什么要把这么多时间和精力放在它们整个贷款产品组合中这么小的一个部分？尽管如此，投资仍在继续。从 2016 年到 2018 年，当许多其他银行正在调整发展方向时，摩根大通又注入 200 多亿美元用于开发新的移动和数字产品，并对 100 多家金融科技公司进行了投资。[4]

2016 年 5 月，富国银行开始凭借其 FastFlex 小微企业项目涉足在线借贷领域。刚开始推出时，这项贷款只提供给持有富国银行账户至少一年的现有企业客户。该银行拥有的交易数据被证明对贷款审核过程是非常宝贵的。FastFlex 项目提供的贷款额度从 10 000 美元起，最高可达 35 000 美元，针对的是经常被其他传统银行机构忽视的小微企业借贷市场的一小部分群体。[5] 富国银行还在其网站上开辟出一个板块，专门用于为小微企业提供服务。富国银行小微企业服务专区（Wells Fargo Works for Small Business®）提供与小微企业相关议题的意见建议、成功故事视频、商务和营销规划，甚至还有一个竞争性情报工具，可以帮助小微企业摸清其竞争对手、客户和供应商的情况，以确定下一次广告活动要把目标放在哪里才是最佳选择。[6] 2016 年，美国银行推出了"虚拟金融助理"艾瑞卡

（Erica），它可以检索账户信息，进行交易，还能通过"预测分析和认知信息"
向银行客户提供帮助。[7]

摩根大通、富国银行和美国银行早期的努力表明，这些银行希望在借贷行业
的新环境中发挥作用，不过这些早期的模式不应该被视为最终模式。小微企业借
贷市场继续快速变化着，单靠增加信息和工具已经不足以帮助这些重要的大银行
保住其领导地位。

在这个不断变化的小微企业借贷市场环境中，所有银行，无论大小，都面临
着一个决定：它们应该去改进提升其业务，还是应该坚持现有的方式，如果决定
进行创新的话，它们又该如何去做？是内部自己打造一个新产品，与他人合作，
还是购买新技术？还有，小微企业的创新要如何与它们可能在数据存取、支付或
人工智能等其他金融科技领域的投资结合起来？

银行的游戏手册

数量惊人的银行，包括很多像东方银行这样较小和较传统的银行，都认为它
们并不是史前生物恐龙（比尔·盖茨曾在 1994 年这样形容它们），并找到了创新
的方式。[8] 东方银行的鲍勃·里弗斯看到了一种成本更低、更自动化的提供小额
贷款的方式带来的好处，它让银行能够在获得一定利润的同时保持与企业的良好
关系。如果一家企业不能到银行来申请 10 万美元的贷款，那么它也不可能到银
行来申请在今后的发展道路上需要的 50 万美元的贷款。里弗斯认为，如果他的
银行不在小微企业贷款方面进行创新，就会有严重的财务危机，于是他采取了大
刀阔斧的创新举措，如东方银行实验室，尽管这样做破坏了银行原先的许多规范
和流程。

然而，在许多银行内部还存在另一种思路，那就是"这不关我事"的想法。
这源于一种观点，即银行没有时间和能力来与金融科技公司进行竞争，而且有时

候银行在运作的过程中会有一种不成文的假设，即金融科技公司只是过眼云烟而已，或者说它们不会与银行直接竞争。对一些银行来说，这种方法意味着加倍发挥其自身优势，包括人工贷款审核等高成本行为，它们认为银行的审核程序比起由技术驱动的审核流程来说，更有助于做出明智的放贷决策。

有些银行则持中间立场，比如圣·安东尼奥（San Antonio）的弗罗斯特（Frost）银行，它就采取一种创新的方法，但并没有舍弃其在关系型贷款方面的良好声誉。[9]弗罗斯特银行开始提供精心设计的用户友好型的在线移动产品，同时继续保留着一个电话呼叫系统。通过该系统，客户将被引导给一个人工座席，而非一个自动菜单。所有最终的放贷决策都是经过面对面互动交流后做出的。弗罗斯特银行看到了继续重视关系型贷款的价值所在，同时利用技术手段来降低成本，也让借款人能够享受到更快速、更便捷的服务体验。

银行需要提出的问题

更为普遍的是，当问题被框定为"非此即彼"时——一家银行要么具有创新性，要么没有，这往往会掩盖住银行在决定如何对待小微企业借贷时应该考虑的更大问题。为制定出适合每一家银行的战略，我们建议提出一组新的问题（图 9-1）。

首先，银行是否想为更多的小微企业客户服务？这个问题对有些银行来说，答案将是否定的。而对另一些银行，如东方银行，小微企业借贷业务是它们优先考虑的事项。银行可能会如何做出这个决策呢？一方面，小微企业贷款往往规模比较小，因而利润也相对较低，特别是当获取、审核和处理贷款的成本太高的时候。它们所面临的风险也是多种多样的，所以必须对小微企业贷款产品组合进行有效的跟踪监测，这可能需要一定的时间和专业知识。另一方面，开展小微企业贷款业务能够做到有利可图，还能让银行有机会向小微企业交叉销售其他产品。过去，银行说小微企业业务是一个优先事项，但推迟改善小微企业贷款产品和客户体验的具体行动是可以接受的，因为它们知道那些寻求信贷的小微企业并没有太多的选择。但是在这个新兴的、竞争更激烈的环境下，口惠而实不至的做法已经不可行了。

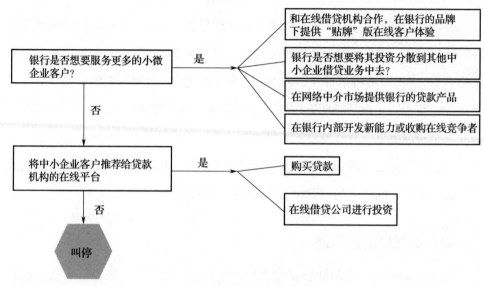

图 9-1　银行的决策矩阵

如果答案是"否"的话，银行并不想为更多的小微企业客户提供服务，那么下一个问题就是银行是否想要在其账面上持有小微企业的资产，即便它们本身并不提供小微企业贷款也没关系。如果对于这第二个问题的答案也是否定的，那就没有必要再进一步了。但是，如果答案是肯定的，那么购买小微企业贷款可能是小型银行的一个恰当策略。像社区资本技术公司（Community Capital Technology）之类的企业已经开始为小型银行提供一个买卖贷款的中介市场。[10]

另一个策略则更适合于大型银行，那就是对在线贷款公司进行投资，作为一种间接参与的方式。举例来说，从 2012 年到 2017 年，花旗银行参与了 20 多家金融科技公司的 30 轮融资，就是希望既能获得一些回报，又能跟踪监测到金融科技领域的一些有趣的发展。[11]

对于那些回答"是"、希望为更多小微企业客户提供服务的银行来说，它们可以通过很多不同的机制来做到这点。第一种方式是建立合作伙伴关系，这就涉及要与金融技术供应商在某种程度上进行整合。银行可以使用替代性贷款机构的技术来支持在线贷款申请，通常会对在线贷款申请、贷款审核和技术进行"贴牌"，为其贴上银行自己的营销品牌。例如，公民银行（Citizens Bank）就与在线贷款机构 Fundation 进行合作，来为小微企业贷款提供数字化申请和处理流程，申请当天就能做出是否放贷的决定，并在批准后的三天内进行放款。[12]

其他公司则效仿花旗银行在另外一个单独的环境中孵化金融科技公司，然后收购或与那些能够为银行增值的公司合作。例如，巴克莱银行启动了"崛起"计划，努力吸引最好的创意和企业家到七个不同地方的加速计划中去，其口号是："如果你身处金融科技行业，那么你就需要参与到崛起计划中来。"[13] 这提供了一个机制，让它们能够随时监测到行业的最新发展趋势，并及时抓住那些最适合在银行内部实施的发展成果。2018 年 8 月，巴克莱银行与 MarketInvoice 开展合作，后者是一个帮助公司转售其未付发票以换取营运资金的平台工具。巴克莱银行获得该技术平台的少数股权，并宣布计划利用该金融技术平台的投资者资本和发票融资能力为其中小型企业客户提供贷款资金。[14]

为更多小微企业提供服务的第二种方式是转介，即银行将被其拒绝的贷款申请人转介给在线贷款机构。在英国，政府强制要求银行必须将被其拒绝的小微企业贷款申请人转介给金融技术贷款提供商供其考虑。虽然这个做法在英国实行得并不是很顺利，但在美国，还是有一些银行和金融科技借贷公司进行转介合作，帮助银行服务更多的客户。例如，在公民银行和 Fundation 公司的合作中，Fundation 公司有时会向不符合公民银行信贷审批标准的小微企业提供贷款。[15]

第三种方式就是通过一个网络中介市场来提供银行的小微企业贷款产品。越来越多的小微企业正在寻找一个中心点，这样它们就可以拥有越来越多的贷款渠道。早期进入该市场领域的金融科技借贷公司 Fundera 和 Lendio 提供了一个平台，银行和金融科技借贷公司可以通过该平台向小微企业客户提供贷款产品，而客户也可以通过对比来获得更适合他们的贷款产品。这些网络中介市场通常会降低贷款机构的客户获取成本，并为潜在的借款人提供用户友好型服务体验。如果银行因为资金成本较低或其他因素可以提供较低利息的贷款，这些中介渠道也可以帮助它们直接在一个透明的市场上与金融科技借贷公司进行竞争。

　　第四种方式是加强自身建设，就像东方银行所做的那样。这一点可以通过渐进式创新或以实行银行内部变革为目标来加以实现。这些内部创新的范围可以涵盖从现有银行流程的自动化到开发基于机器学习和替代性客户数据（如水电费账单支付）的新的贷款审核办法。例如，富国银行正在进行一个大型创新项目，想要通过该项目将其所有信息汇集到一个中央数据池中，并利用这一资源来生成更多新的独到见解，最终达到不断完善面向小微企业的贷款产品的目的。[16]

　　有这么多的选择，那些想要为更多小微企业客户提供服务的银行究竟该选择哪种策略才最适合它们呢？其实这主要取决于银行为了进入这个市场领域，到底愿意投入多少时间和金钱，以及银行希望新的数字化业务及其传统业务之间达到何种程度的整合。换句话说，银行必须问自己的两个问题是："我想要投入多少时间和金钱？"和"我想要达到何种程度的整合？"图 9-2 将前面所描述的不同战略选择放入一个矩阵中，对与每种战略选择相关的资源投入和整合程度进行说明。[17]

　　在决定投入多少时间和资金来与颠覆性创新进行竞争前，还需要回答另外一个问题："创新对企业的威胁程度如何？"在东方银行，鲍勃·里弗斯认为科技是非常具有威胁性的。他看到，在金融技术公司出现后的几年内，越来越多的小微企业在网上申请贷款，它们更喜欢在线贷款机构所提供的借款人体验，而非像东方银行那样需要大量书面申请材料的审批流程。[18]当他和奥马利在研究东方银行的小微企业交易数据时，他们看到，就连那些与东方银行有着业务往来的小微企业也在从在线贷款机构申请贷款。这促使里弗斯将东方银行年度总收入的 1% 投入到其实验室项目中，并花了大量个人时间和精力在东方银行实验室。

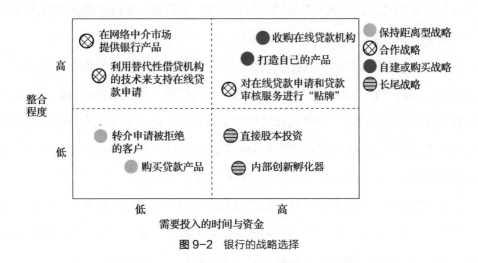

图 9-2　银行的战略选择

　　要确定何种程度的整合才是合适的，还需要回答另一个问题：小微企业贷款对银行整体业务的重要性如何？作为 SBA 贷款的区域领导者，里弗斯知道，小微企业贷款是其业务的核心。他还知道，如果小微企业开始转向在线贷款机构而不是东方银行，这不仅会对东方银行的小微企业贷款业务造成影响，也会对所有交叉销售给小微企业借款人的其他产品造成影响。因此，里弗斯决定将小微企业创新业务高度整合到他的银行中。这就意味着要采取高风险的策略，那就是打造自己的产品；这也意味着要将东方银行实验室设在其银行总部的大厅里，以便公司上下都清楚首席执行官进行创新的决心有多大。

传统银行内部的创新

　　在一个传统组织内部，如银行，任何创新都是困难的。银行往往有规避风险的企业文化，部分原因是它们受到严格的监管，并且必须保护好客户的存款。如果技术不管用怎么办？如果客户不喜欢怎么办？如果银行内部人员不愿做出改变又该怎么办？当传统企业的管理层感觉到创新可能会对他们造成威胁时，他们可能会试图进行阻挠。（反过来说，对核心业务范围完全不构成任何威胁的创新可能就与银行无关了，可能一开始就不值得去做。）那么，银行在决定进行任何形式的创新活动之前，究竟该如何考虑呢？

有一种著名的组织行为理论建议，一开始就要将创新活动与企业的日常运作分开来，打造一个"二元性"组织，在这样的组织里，每项业务活动都有单独的经费预算、人员配备、工作流程和成功的衡量标准。这个方法让传统的组织能够继续从事创造利润的业务活动以维持企业目前的成功，同时为创新者提供一个受保护的环境，让他们勇于去冒险并探索新的和颠覆性的方法。[19]

除了建立一个独立的架构外，如果没有最高领导层特别是首席执行官的个人关注和积极监督，这些努力几乎不可能有成功的机会。鲍勃·里弗斯清楚地表明了这种决心，在东方银行实验室投入了大量的时间、精力和财力资源。争取高管团队的认同感也很关键，这就需要有一个故事和一种逻辑来对公司自身的定位进行描述，而这个定位要足够广泛，能够将所有创新业务活动涵盖其中。此外，激励措施、企业文化和考核指标，特别是薪酬和奖金计划，必须加以修改，以支撑整个高管团队来共同为了新目标而努力。

二元性最具挑战性的地方在于，创新在一个单独的、受保护的环境中被孵化后，还需要成功地将其重新整合到组织中去。如果创新所带来的好处是双向的，那么这个过程就会比较容易。与其说是"在那边"完成的事情，不如说创新的某些方面直接为传统组织创造了价值。例如，在东方银行，贷款审核专员开始意识到，新的自动化贷款审批流程给他们的客户带来了更好的体验。贷款审核专员和小微企业主都能更快地得知审批的结果，而且通常来说整个审核流程都是对标银行标准的，这让整个过程对每个人来说都更加高效。在这个过程中，他们也是在通过策略来赢得竞争，这种策略就是确保每一个走进门或登录其网站的信用可靠的借款人能够有一次良好的服务体验，并从东方银行申请到贷款。技术并非核心业务员工的一种威胁，而是促使他们获得成功的一次机会。

反过来说，要让整个组织都对一个创新想法表示支持可能很难实现。财捷（Inuit）公司创始人和前董事会主席斯科特·库克（Scott Cook）是一位成功的企业家，也是创新的发起人，他在尝试将一个新的税务产品整合到已有业务中时认识到了这一点。虽然这项创新对公司很有价值，但那些从事传统的 TurboTax 业务的人却感受到了新产品的威胁，因此不允许它蓬勃发展。尽管公司高层下了很大的决心，这项创新最终还是夭折了。[20]

即便高层有创新的决心，但是传统银行要如何才能吸引到必要的人才来对业务进行创新呢？有些大型银行已经试着打造更加具有创新创业氛围的环境，比如巴克莱银行的"崛起"中心。2015 年，荷兰银行集团（the Dutch banking group ING）对其荷兰总部的组织架构和业务运营进行彻底重组，从而过渡到一个受大型网络科技公司启发的"敏捷"模式。[21] 而东方银行尽管最终在其分离过程中失去最初的创新团队，但该银行的首席财务官指出，东方银行实验室大大增加了他们在创新创业圈内的商誉资本，使其更容易招募到新的人才。正如他所说的，"我们当然从中得到了广泛的宣传，也得到了很多看不见的好处。当我在招聘未来可能成为公司员工的人员时，总是惊讶于他们对实验室的兴趣"。[22]

未来的银行

未来小微企业银行的成功模式是什么样的呢？今天的银行能否发展成为成功者，还是会被新进入市场者（无论大小）所击败呢？银行业要在由科技驱动的金融服务新环境中取得成功，必须克服三个主要障碍。首先，未来的银行需要一个入门级的数据整合，以提供小微企业借贷所需的智能化和客户服务。小微企业希望在使用其银行账户、信贷设施、投资账户和其他服务时每个环节都能更加环环相扣、无缝衔接。而从银行的角度来看，所有这些信息对信贷分析都很重要。要做到这一点，银行就需要找到对其传统遗留系统进行进化升级的方法，无论是内部自行开发新技术，或是与第三方开发的应用程序进行整合。

正如我们在第 8 章所讨论过的，未来可能还是会涉及人际关系。因而第二个障碍就是，与客户打交道的贷款审核专员所扮演的角色可以而且应该进化，这意味着这个关键员工群体必须变革。银行机构需要接受培训，以便将其提供的专业建议与新一代金融技术结合起来，这样，小微企业在开始咨询对话前就能了解到更多的相关信息，而贷款审核专员的作用是提供专业知识和意见建议来对这些信息进行补充。在医学领域，病人现在已经可以在线访问其医学检测结果和互联网医疗健康信息服务平台（WebMD），但只有医生拥有专业知识和专业训练来对这些数据进行有效解释，并为患者推荐治疗方案。同样，未来的贷款审核专员将需要以专家的身份来提供服务——和拥有更多机会获得关于其公司财务数据，但不清楚如何解释和使用这些信息的小微企业共事。

最后，在小微企业借贷的未来世界中，银行并不算被剔除在赢家行列之外，但要取得成功，它们需要清楚地知道自己想要为哪些小微企业客户提供服务，并在新技术和新工具方面进行投入以满足这部分客户的需求。科技驱动型解决方案的新世界提高了小微企业对银行的期望值，而且这种趋势只会愈演愈烈。那些专注于小微企业业务并优先考虑其需求的银行将最有可能在小微企业借贷新环境中获得最大的成功。

第三部分

监管的作用

Part Three

监管面临的障碍：
混乱、遗漏与重复

20 世纪 60 年代中期，银行开始意识到，"信用卡"作为一项相对较新的创新，可能成为其收入的下一个重大贡献者。第一张可在多家商户使用的信用卡"大来卡"，于 1950 年发行。这促使金融公司开始研究如何让其信用卡具有足够的好处和吸引力，以便被消费者和商户大量使用。在其他改进措施中，它们开发出可以在全国任何地方的任何商家（不仅仅是餐馆）使用的信用卡，并试验了如何吸引更多客户注册。[1]

到 1966 年，芝加哥的一些银行认为它们已经做好全力以赴进入该市场的准备。就在这一年的假日季开始之前，这些银行开始向芝加哥居民邮寄数百万张未经申请的信用卡，特别针对了富裕的城郊居民。这个做法被证明是一场灾难。

银行的邮寄名单错误百出。卡片被寄给了儿童、宠物和已故的人。由于银行还对它们这个做法进行宣传，这就诱使犯罪分子从邮箱和邮局里偷走了这些无须客户激活的卡片。有些商家甚至与这些偷卡的人合谋，让银行为欺诈性费用买单。总的来说，芝加哥这场"大败"造成了大约 600 万 ~1200 万美元的损失。[2]

这个丑闻也引起了立法者和改革者对金融系统的认真审查，他们意识到金融监管系统尚未适应新的形势，还无法处理好新的信用卡业务。有些人呼吁禁用信用卡，不过立法者采取了更有分寸的做法。20世纪60年代末至70年代，美国国会通过了几项重要的消费者保护法规，禁止银行的各种职权滥用和掠夺性做法，并授权消费者对账单中的错误提出异议。1978年，美国最高法院的一项裁决允许银行根据所在州的实际情况确定信用卡利率，而不必遵守各州不同的利率上限规定，这使得大范围的信用卡发行对银行更具吸引力。更新后的银行业务规则和规定能够更好地保护消费者，同时为银行的监管创造了更多的确定性。因此，这为信用卡在美国变得几乎无处不在奠定了基础。

近年来，金融创新不断将新的贷款机构和贷款产品带进可能具有巨大潜力的小微企业借贷市场。新的市场参与者，从金融技术企业家，到亚马逊和贝宝这样的非银行机构，也都已经在一个从未预料到它们会出现的法律和监管体系下运作。

对在线借贷采取顺其自然的监管方式可能会带来更多的创新，但创新并不一定都是好的；它们可能被不太谨慎甚或掠夺性的贷款机构利用，以牺牲借款人或整个金融体系为代价，来获取自身利润的最大化。反过来说，严厉的监管措施可以保护借款人，但却要以牺牲一个运转良好的市场和针对小微企业开发的大量它们负担得起的金融产品和服务为代价。

我们需要一个平衡的监管体系，既鼓励创新，能够帮助小微企业找到最适合它们的融资方案，同时又能找出并阻止那些可能对市场造成威胁的不良行为者。遗憾的是，当前的金融监管体系在多个方面存在缺陷，阻碍了市场发展至这种最佳状态。小微企业正在为这些表现为高成本、隐性收费和支付条款混乱等形式的缺陷买单。而新的创新可能会在重叠的、有时甚至是压倒性的规则和要求的压力之下而不知所向。

分散式的监管体系忽略了对金融科技借贷的监管

如果从零开始的话，没人会将美国金融监管体系设计成现在这个样子。现有这个监管体系的架构是在过去 150 多年的时间里零零碎碎地拼凑起来的。国会常常为了应对金融危机，每次都要设立至少一个新的联邦金融监管机构。例如，1863 年，国会设立了货币监理署（OCC），为的是帮助内战融资，并解决各州之间银行监管要求不一的问题。设立美联储（Fed）的立法源于 1907 年的"大恐慌"，而"大萧条"则导致国会成立了美国联邦存款保险公司（FDIC），以防止银行存款被挤兑，并成立了证券交易委员会（SEC），对证券市场进行监管。储蓄机构监管局（OTS）的设立则是对 20 世纪 80 年代储蓄和贷款危机的应对措施。

2008 年金融危机后，国会撤销了储蓄机构监管局（OTS），因为它对包括美国国际集团（AIG）、全美金融公司（Countrywide）和华盛顿互助银行（Washington Mutual）等在内的处于危机中心的几家大型金融公司监管不到位。然而，通过 2010 年的《多德－弗兰克法案》，国会又设立了三个新机构：消费者金融保护局（CFPB）、金融研究办公室（OFR）和金融稳定监督委员会（FSOC）。这么做的结果并未带来一个效率和效能的标准模式。美国的金融监管体系是分散式的，拥有许多不同的监管机构——包括州和联邦层面的机构——具有交叉重叠的管辖权，开展的监管活动时常会相互重复、甚至相互冲突。

银行、储蓄机构（也称为储蓄和贷款机构）和信用联盟都可以吸收客户的存款，但它们受到不同的规则管理，而且每个机构都可以在州或联邦一级获得特许牌照。每个州对其特许的存款机构有着不同的管理规则，而四家不同的联邦机构——美联储（Fed）、美国联邦存款保险公司（FDIC）、美国货币监理署（OCC）和美国国家信用联盟管理局（NCUA）——监督着经过联邦政府特许的存款机构，同时也有一些对州政府特许的存款机构进行监督的权限。这些机构有时被统称为"审慎"监管机构，因为它们的主要任务是确保其所监督的金融公司个体的经营安全性与稳健性。其他金融监管机构则侧重于对某些特定活动而非公司个体进行监督。例如，美国消费者金融保护局（CFPB）负责制定与实施旨在保护消费者免受掠夺性金融产品损害的规则。美国证券交易委员会（SEC）则通过交易、经纪人许可和透明度等规则来对证券市场行为进行监管。

很多人认为金融监管系统的架构是有问题的。根据美国政府问责局（GAO）最近的一份报告，目前的监管架构尽管具有一定的优势，但"给有效监督带来了挑战。分散化和交叉重叠又造成监督过程中的低效率，监管机构对相似类型机构的监督方式不一致，以及对消费者的保护程度不相同。[3] 图 10-1 描述了美国当前的监管体系架构，它就像一碗"意大利面汤"——互不相关的一些机构、关系和规则相互纠结在一起。

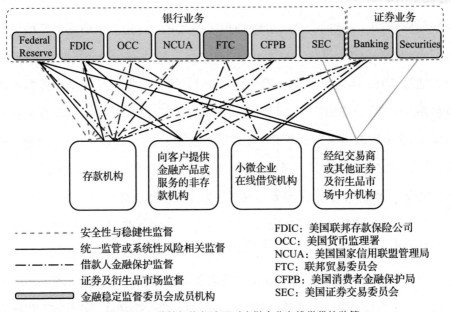

图 10-1　监管机构忽略了对小微企业在线借贷的监管

资料来源：改编自美国政府问责局 GAO-16-175 号文件 *"Financial Regulation: Complex and Fragmented Structure Could Be Streamlined to Improve Effectiveness,"* 2016 年 2 月。

分散化、交叉重叠和重复的问题似乎从未得到解决，但并不是因为缺乏想法。沃尔克联盟（Volcker Alliance）的研究人员将 1915 年至 2013 年期间关于重构金融监管体系的立法和政府提案编成目录，发现总数不少于 45 项。[4] 这还不包括同期由智库和其他决策者提出的议案。

没有进行改革的原因有几个。多年来，反对改革的人认为，不同监管机构之间的竞争提高了监管的整体质量，避免了过度监管，改革反而会造成不确定性，或者说，监管体系像现在这样就挺好。监管机构本身可能也会四处"游说"以保护其管辖的"地盘"，国会委员会的其他成员机构也可能会这么做，因为如果其管辖权内的某个机构被并入另一个机构，它们将失去对该机构的监督权。金融公司也可能抵制变革，因为改革可能意味着要产生更多适应新监管者和新规则的额外成本。

金融服务领域最近的一些创新给监管者带来了挑战，因为新的金融科技公司是与银行和其他传统金融机构不同的实体。金融科技公司也受制于一些与其他金融公司相同的规则，不过只在它们开展的业务活动是相似的情况下。但有些监管制度要么以不同的方式适用于金融科技公司，要么根本就不适用于它们。事实上，在目前的状态下，对于小微企业借贷好几个重要方面的监管，都被现行的监管体系忽略了。具体来说，直到最近，才出现由联邦层面颁发的非银行机构特许牌照，更令人担忧的是，消费者享有的许多保护措施并不适用于小微企业借款人。

联邦机构不向非银行贷款机构颁发特许牌照

在联邦层面至少有七个不同机构——更别提在州层面了，每个州都对本州的银行业务和证券业务进行监督——拥有对向小微企业提供贷款的银行和信用联盟进行监督的一些权限。但直至 2018 年之前，这些联邦机构都未曾向非银行贷款机构，如新的金融技术借贷市场竞争者或非银行借贷平台颁发过特许牌照。

美联储（Fed）：美联储负责监督属于联邦储备系统成员的州政府特许银行和储蓄所、在美国经营的外国银行组织，以及包括银行或储蓄所在内的所有控股公司。美联储还有其他职责，包括促进金融系统稳定，促进消费者保护，以及建立一个安全高效的支付和结算系统。[5]

美国联邦存款保险公司（FDIC）：美国联邦存款保险公司提供存款保险，是不属于联邦储备系统成员的州政府特许银行的主要联邦监管机构。[6]

美国货币监理署（OCC）：作为美国财政部直属的一个独立机构，美国货币监理署负责监督所有国有银行、美国联邦储备银行以及外国银行的联邦分行和办事机构。[7]美国货币监理署在2018年宣布，它将允许非银行机构申请有限目的银行特许牌照，尽管有些人质疑它并没有这么做的权限。

美国国家信用联盟管理局（NCUA）：美国国家信用联盟管理局负责对联邦信用联盟进行管理和监督，并为所有联邦和大多数州信用联盟的存款提供保险。

联邦贸易委员会（FTC）：联邦贸易委员会成立于1913年，旨在防止出现通常会影响商业正常发展的不正当竞争和商业行为，包括向消费者和小微企业提供贷款。联邦贸易委员会通过了《信贷实务规则》，以保护消费者免受信贷合同中的滥用性条款和条件的影响。2016年，联邦贸易委员会表示，它打算将消费者在传统借贷领域中享有的相同保护措施延伸到中介市场借贷领域。[8]

美国消费者金融保护局（CFPB）：在《多德－弗兰克法案》通过的过程中，美国国会设立了消费者金融保护局，并赋予其对包括学生贷款、零售抵押贷款和消费者信用卡等在内的消费者金融市场进行监测的使命。美国消费者金融保护局对广泛的金融产品和业务活动都具有管辖权，以确保中介市场对贷款机构和借款人（但只限于消费者借款人）都能够发挥作用。[9]

美国证券交易委员会（SEC）：负责保护公开市场的投资者，包括公开交易的小微企业贷款证券。该机构还负责监督证券化市场和新发行证券，如投资在P2P借贷领域的基金。

尽管在直接权限方面还存在一些空白，但有些联邦机构一直密切关注着早期金融科技借贷领域的一部分业务活动。区域美国联邦储备银行将有关金融科技借贷的问题纳入由其协调组织的小微企业信贷问卷调查中。美国证券交易委员会负责监督在证券市场上募集资金的在线贷款机构的业务活动，特别注意保护在这些市场中进行投资的投资者，并确保按规定做好适当的信息披露。州一级的监管机构批准一些金融科技公司在其所在州提供金融服务的特许牌照和许可证。然而，在美国货币监理署介入这项工作之前，整个联邦监管体系里并没有一个中央层面的机制来对非银行性小微企业贷款机构进行监督。

联邦特许牌照对非银行贷款机构监督的好处

大多数早期的小微企业在线贷款机构都是由各州的监督机构各自进行管理的，这使得合规成本昂贵、合规过程复杂且费时。非银行贷款机构基本上有两种选择：①通过在其开展经营的每个州获得许可证并接受监督来直接向借款人提供贷款；②通过与全国性或州银行合作来对外发放贷款。有些市场新进入者会对其产品进行专门设计，使其不符合成为贷款产品的条件，以规避监管和法规的不确定性。

多个不同州的监管纠结在一起，提高了合规成本，特别是对新公司和小公司而言。大公司比小公司或初创公司更有能力来消化这些成本，这就可能导致初创公司在监管变得更加确定之前会选择静观其变，因而扼杀了创新。[10]值得称赞的是，各州的监管机构意识到了这些问题，于是各州银行监管机构会议（CSBS）开始努力协调和统一各州的监管。2018年，它们发布一项雄心勃勃的计划，那就是到2020年将建立一个"涵盖50个州的综合一体化许可与监督系统，充分利用技术和智能监管政策"。[11]这一举措令人钦佩，但可能需要比预计更多的时间，并可能遇到阻力，所以它可能并非最终的答案。

2016年，美国货币监理署宣布，它将允许非银行机构申请特殊目的联邦银行特许牌照。俗话说，"做好事是需要付出代价的"，这项提议遭到了多方的反对，包括现有的金融科技借贷公司，在自己经历了奔波于各州之间进行注册的痛苦之后，它们不希望看到新的竞争对手找到一条更加便捷的路。银行认为这种特许牌照会让"银行显得不那么重要"，会对它们造成不利。各州银行监管机构甚至向美国地方法院投诉了美国货币监理署的这项提议。

2018 年 7 月，美国货币监理署颁发了一项特许牌照，让非银行性贷款机构得以成为特殊目的全国性银行。在公开宣布这项举措时，美国货币监理署肯定了创新性金融科技公司对联邦监管的支持，并称："联邦银行系统必须继续发展和拥抱创新，以满足不断变化的客户需求，并成为国家经济的力量源泉。考虑允许创新性公司申请特殊目的的全国性银行牌照的决定有助于为消费者和企业提供更多的选择，并为希望在美国提供银行服务的公司创造更多的机会。那些以创新方式提供银行服务的公司应该有机会在全国范围内作为一家持有联邦特许牌照、受联邦监管的银行开展业务"。[12]

这向前迈出了很好的一步。有了全国特许牌照，网络和其他非银行性小微企业贷款机构将能够在全国范围内开展经营，接受一套统一的联邦标准监管，这将增加透明度并给小微企业带来好处。贷款机构将只有单一的一个监督机构和单一的一套审查流程，这将减少入市的障碍并降低入市的成本。小微企业借款人应该会从更低的成本和新的非银行性贷款提供商的新产品和服务的额外创新中获益。

缺乏配套的第三方监管阻碍了创新

那些想要通过与金融科技公司合作，将创新性贷款选择带给其小微企业客户的银行，也面临着监管上的摩擦。这些合作关系属"第三方服务"范畴，需要接受很多不同机构的监管。

2013 年，美国货币监理署为银行发布了一份指导意见，指导银行如何管理和第三方（如经纪人、支付处理商和 IT 供应商）合作时可能产生的风险。美国货币监理署称，它希望银行对涉及"重要业务活动"的第三方合作采取"更全面、更严格的监管"。美国货币监理署提出一套管理第三方风险的八步管理法，包括尽职调查、持续监测、文件记录与报告以及独立审查等。[13] 2017 年，在回答银行提出的问题时，美国货币监理署明确指出，金融科技公司也要遵守 2013 年的指导意见。[14]

美国货币监理署希望更加深入了解第三方可能对其监管的银行的安全性和稳健性构成的风险，我们无法指责这样的做法。然而，美国货币监理署并非唯一一家对第三方风险感兴趣的机构。全国性银行由货币监理署监管，但其控股公司将由美联储监管，而美国联邦存款保险公司同样对此感兴趣，因为它管理着为银行存款作担保的存款保险基金（Deposit Insurance Fund）。[15]

这些机构就其对第三方风险管理的期望进行相互协调是有意义的，但情况并非总是如此。其结果就是造成交叉重叠或重复的监管要求，让银行和金融科技公司之间要达成合作关系变得困难且耗时。2018 年 7 月，美国财政部意识到了这些问题，并要求联邦监管机构对其第三方合作指南进行审查与协调。财政部还重点说明了数据聚合平台什么情况下必须遵照第三方合作指南要求，这个问题对于各类 API 的使用而言很重要。[16] 这就明确了正确的方向，尽管联邦监管机构之间的这种协调说起来容易做起来难。

目前的监管体系设计不佳，不利于识别和挫败不良行为者

当前监管体系最令人担忧的问题之一是，2008 年金融危机后实施的新消费者保护措施并不适用于小微企业。这些保护措施仅限于消费者，主要是因为小微企业主历来被认为足够精明，完全可以在借贷市场上自力更生。这就意味着许多规则，包括向借款人提供标准化和易于理解的贷款条款信息（如年利率（APR）

和还款条款）的相关规则，不适用于小微企业或其他商业贷款。

消费者贷款保护措施不适用于小微企业

2015 年，美联储采访了一组小微企业"夫妻店"，了解它们的贷款选择。44 家接受采访的企业拥有 2~20 名员工，年收益不足 200 万美元，而它们分别来自于美国的不同地区，从事不同行业。[17] 被采访的企业主被要求对如图 10-2 所示的几款贷款产品样本进行对比。

	产品A	产品B	产品C
借款金额	40 000美元	40 000美元	40 000美元
你所提供的信息	你的销售历史和银行账户信息、纳税申报表等。你通过信件或电子邮件将信息直接发送给贷款机构	你需要允许贷款机构通过电子方式调取你的销售记录、银行账户、库存和关于你公司的网上评论	你的银行账户信息、纳税申报单和近三年的财务报表。你通过邮件或电子邮件将这些信息直接发送给贷款机构。你需要提供抵押品对贷款进行担保
信用评级得分	需要费埃哲（FICO）信用评分达到至少500分	需要费埃哲（FICO）信用评分达到至少650分	需要费埃哲（FICO）信用评分达到至少750分
等待审批决策时间	3至5天	2小时	7天
资金多久能够汇入你的账户	获得审批后3至5天	获得审批当天	4星期
提供的还款信息	你总共欠款52,000美元。贷款公司每天从你的借记卡/信用卡销售收入中提取10%，直到还清欠款为止	除了40 000美元的本金外，每借1美元就需要多还28美分的利息。贷款须在1年内还清	你每月欠款3,440美元。你的贷款实际年利率是6.0%。贷款须在一年内还清

图 10-2 向小微企业主提供的贷款选择——2015 年

克利夫兰美国联邦储备银行焦点小组调查与借款人访谈记录

资料来源：*Barbara J. Lipman and Ann Marie Wiersch, "Alternative Lending through the Eyes of 'Mom & Pop' Small-Business Owners: Findings from Online Focus Groups," Federal Reserve Bank of Cleveland, August 25, 2015.*

然后他们被要求回答以下问题："你猜测一下产品 A 的利率最有可能是多少？"（图 10-3 ）。

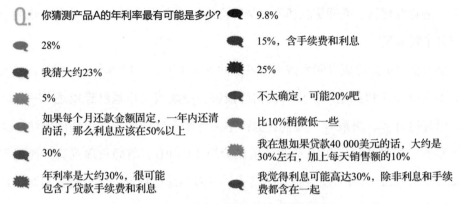

图 10-3　借款人对贷款条款感到难以理解

小微企业主对于产品 A 的年利率的猜测

资料来源：*Barbara J. Lipman and Ann Marie Wiersch, "Alternative Lending through the Eyes of 'Mom & Pop' Small-Business Owners: Findings from Online Focus Groups," Federal Reserve Bank of Cleveland, August 25, 2015.*

接受采访者的答案五花八门，从 5% 到 50% 以上不等。实际上，这是一个不好回答的问题。根据题中所提供的信息是无法计算出产品 A 的年利率的，因为实际利率会随着借款人偿还贷款的时间长短而变化。但焦点小组调查中的许多小微企业主都给出了他们觉得正确的答案。

从 2015 年到 2017 年，我们让哈佛商学院的几组学生和校友来做同样的题，得到的答案也差不多相同。事实是，即便是对于那些比较精于计算的人来说，就算是一款相对比较简单的小微企业贷款产品的成本，也是很难理解和进行比较的。美联储在 2017 年进行了另一项焦点小组调查，向小微企业主展示了类似于在线借贷网站上的融资和贷款产品描述。他们再次发现，小微企业主普遍认为关于贷款产品的描述令人费解。[18]

在 2017 年的美国联邦储备银行焦点小组调查中，几乎所有小微企业主都表示，他们都希望贷款机构能够对所有成本费用、支付政策和可能面临处罚的情况做出清晰易懂的披露，以便他们能在掌握更多情况的前提下去做决策以及对不同信贷产品进行对比。为什么它们不这么做呢？这样的信息披露有助于借款人做出决策，消费者贷款、抵押贷款和学生贷款都需要这样的披露，那么为什么小微企业贷款不需要呢？

小微企业不仅应该有能力做出更英明的信贷决策，还应该有能力保护自己的利益不受掠夺性和其他无良贷款机构的损害。在线借贷市场已经出现了一些问题，引起监管者、决策者、消费者保护主义者和负责任的贷款机构的关注。其中有些不好的做法是美国消费者金融保护局（CFPB）前局长理查德·科德雷（Richard Cordray）努力想要将其终结的，与诸如抵押贷款、学生贷款和发薪日消费贷款等其他领域的四种"掠夺性"行为相似。

小微企业借贷领域出现的新问题

最令人担忧的新问题是高额的贷款成本和未被充分披露并可能使贷款难以维持和偿还的贷款条款。

高成本

评估信贷成本的方式有很多。借款人可以通过每日和每月的还款额、融资成本、贷款手续费和其他前端费用、贷款资金的总成本、利率和贷款的年利率等来进行成本评估。年利率衡量的是借款人在一年内为信贷支付的利息，虽然不是一个完美的衡量标准，但它已经成为消费借贷领域的标准。有些较新的融资产品的年利率可以远远超过 50%，甚至可以达到 100% 以上。[19,20] 虽然贷款机构经常辩称，披露年利率并不能说明全部情况——就短期信贷而言它们这种说法可能没错——但有些贷款的年化率高到让人怀疑小微企业怎么可能还得起这些贷款。

贷款价格和条款披露不充分或未披露

借款人甚至可能不知道他们正在支付高价，因为正如我们前面所讨论的，消费者贷款、学生贷款和抵押贷款所需的信息披露并不适用于小微企业贷款。虽然有些负责任的贷款机构会选择进行详细透明的信息披露，但其他贷款机构可能会以另一种方式来进行信息披露，或根本不披露。其结果就是，借款人无法了解到一些明确的衡量指标，让他们得以在不同贷款产品和贷款机构中进行选购和对比，就像他们在选择消费贷款或汽车贷款时一样。

双重收费和债务陷阱

小微企业主如果借了短期信贷却无力偿还，往往会被迫以贷养贷，这将给基础贷款累积出更多的额外费用。以贷养贷很容易会变成一个债务陷阱，在这样的陷阱里，信贷最终将变得难以还清。[21] 形成这种针对小微企业主的陷阱的一种做法就是"双重收费"，即借款人在其原有未还清贷款到期之前续贷时，贷款机构将对借款人收取额外的费用。

预付费用混淆不清

与传统的定期贷款是在限定的时间内分期偿还不同，一些较新的短期贷款产品的融资成本是固定的，这意味着如果借款人提前还款，产生的费用与在整个贷款期限结束之前还完款是一样的。在 2017 年美国联邦储备银行的焦点小组调查中，这些贷款产品让很多借款人感到困惑，因为他们以为提前还款可以帮助他们省下一些利息。[22]

错位的经纪人激励措施

小微企业贷款经纪人对价格更贵的贷款产品收取更高的转介费。借款人也很难理解经纪人可能会造成其贷款成本费用的增加。此外，由于缺乏信息披露，借款人也无法了解经纪人激励机制有时可能与借款人的最佳利益是相冲突的。

错位的激励机制可能会导致严重的问题，正如我们所看到的 2008 年金融危机之前的情况一样，当时许多抵押贷款经纪人是根据他们做成的抵押贷款数量来领取报酬的，往往很少去关注借款人是否有能力或是否可能去偿还贷款。美国联邦储备银行焦点小组调查中的借款人在对在线融资进行搜索之后遭到了贷款公司和经纪人推销广告的狂轰滥炸，他们对此表示担忧。金融机遇网（Opportunity Finance Network）——由社区发展金融机构（CDFIs）组成的一个行业协会——的前首席执行官对金融科技借贷经纪人问题进行讨论时说："这与次级抵押贷款领域发生的情况几乎完全相似"。[23]

决策者缺乏关于小微企业借贷和网络科技借贷业务的相关数据

监管机构和小微企业借贷倡导者面临的一个首要问题是，目前还不清楚掠夺性行为和高成本等情况在小微企业借贷市场中有多么普遍。这是因为没有关于小微企业借贷实时贷款发放和定价的完整数据。数据的缺乏导致两个方面都出现最糟的情况：立法者和监管者只能在没有基于事实分析的前提下对小微企业被不良行为者欺骗的传闻做出回应；而善意的贷款人则对不明确的规则要如何实施表示困惑与担忧。

现在可用的信息来源有美国联邦存款保险公司（FDIC）关于商业和工业（C&I）借贷的顾客意见汇总报告数据、美联储问卷调查和私人信息来源，都是小微企业借贷的粗糙标准。许多重要领域都没有系统的数据收集，如贷款申请和审批，以及不同人群获得信贷的能力。也没有关于贷款成本的信息。所有这些都让我们难以实时地对小微企业借贷市场的动态进行充分评估，并围绕它制定合理的政策。

想象一下，在下一次经济衰退期间，作为一名国会议员，看到全国各地以及你所在州的小微企业纷纷被迫关门的报告时，你必须考虑采取什么样的措施来应对这种局面。如果没有可靠的数据，你就很难做出有效的应对。然而，这正是美国的决策者们长期以来所面临的境地。

数据收集这一问题的部分解决方案被纳入 2010 年通过的《多德－弗兰克法

案》第 1071 条规定。该条款要求美国消费者金融保护局（CFPB）对有关小微企业借贷的某些数据进行收集和审查。其中包括收集关于贷款发放和公平借贷具体做法的数据，这么做的一个特定目标是确保妇女和少数群体拥有的小微企业获得公平的信贷机会。美国消费者金融保护局（CFPB）在早先的一份声明里表示，它将"尽快"制定出这些规则，但后来却把重点首先放在消费者贷款规定上，这项工作反而被落在后面。[24] 直到 2017 年才正式发布通知，要求提供相关资料帮助其制定这方面的规则，2018 年也没有取得更多的进展。[25]

第 1071 条规定也遭受到许多银行和担心收集所需数据会增加成本负担的其他机构的强烈抵制。意料中的困难来自于这样一个事实：即对小微企业没有统一的定义，而且确定企业规模及其所有权所需的信息要么没有在申请表中进行收集，要么没有通过统一或可信的方式来收集。银行和其他机构还担心，这些信息将在事后被用于展示贷款模式中不为人知或无意为之的偏见。

这些担忧中有一些是可以理解的。但是，解决的办法不能是简单地什么都不去做，让决策者和监管者在涉及小微企业借贷问题时"像无头苍蝇般四处乱撞乱飞"。建议的解决方案之一是从现有可用的数据着手，比如按贷款规模分类的贷款发放情况，这些数据现在已经为银行所知，而且报告起来相对简单明了，如果把它们收集起来，可以给我们提供非常有价值的关于小微企业借贷市场的信息。事实上，2018 年两党政策中心特别工作组关于基层金融的一份报告建议，美国金融研究办公室（OFR）负责收集和存储相关数据，并与小企业管理局（SBA）的宣传办公室（Office of Advocacy）合作发布相关报告和分析结果。[26] 另一种方法是由保密的第三方，如大学，负责收集和保管数据，并对数据进行汇总后提供给学术界、决策者和立法者，用于进行分析和制定规则。围绕数据收集的问题是可以找到解决方案的，而更为细化的信息无疑会提高监管机构和市场满足小微企业借款人需求的能力。

· — · — ● ● ● ● · — · — ·

　　轻触式的监管也有值得称道之处，它可以激发创新，让借款人和贷款机构都从中获益。由于在线贷款机构不得不遵守较少的规则，它们尝试了更具创意的自动贷款审核技术，让它们能够更快地做出是否放贷的决策。它们通过利用网络公司普遍采用的无缝式用户界面，使信贷申请体验更加友好。而且，与传统贷款机构相比，它们向范围更广的借款人提供信贷。

　　但是，正如 1966 年的芝加哥"大败"所表明的那样，有限的监管监督也是有缺点的。就在线借贷而言，太多贷款机构未能充分披露关于其产品价格与贷款条款的信息。[27,28] 联邦监管机构对小微企业在线借贷的监督很少，特别是对寻求资金的小微企业借款人的保护方面，这引起了人们对于掠夺性借贷行为的诸多担忧。

　　一个运转良好的金融监管体系将有助于确保负责任的贷款机构能够参与市场竞争，并提高符合条件的借款人获得资金的机会。负责任的监管需要保护借款人和投资者，减少系统性风险，同时促进创新。这可能是一个非常棘手的平衡问题，但这又是改善小微企业借贷市场现状的必要平衡。在第 11 章中，我们将提出一些关于金融服务改革的原则，这些原则应该作为对未来小微企业借贷监管体系的指导。

Fintech,
Small Business & the
American Dream

未来的监管体系

　　金融科技创新将改变金融体系。在小微企业贷款领域，将会出现新的贷款机构以及新的产品和服务，其中很多会以之前从未想过的方式对数据进行使用。在这个即将到来的时代，数据的所有权、安全性和使用或滥用将成为决定性的问题。随着科技对银行和支付行业的影响越来越大，监管方面的挑战也将加速升级。我们无法准确预测未来，但我们可以积极主动地对金融监管体系进行变革，为即将到来的各种变化做好更充分的准备。

　　我们就如何对待改革和塑造未来的治理提出三个核心原则。第一个原则是通过创造一个鼓励新方法的环境来促进创新，不允许为了规避风险而扼杀在这场金融科技变革中出现的令人兴奋且难能可贵的小微企业产品和服务的发展潜力。同时，无论是对借款人还是对整个金融系统，都必须要有引导和保护措施。因此，第二个原则是保护小微企业，既要防范我们今天能够发现的"不良行为者"，也要防范数据和人工智能新应用所带来的风险。第三个原则是精简美国的金融监管体系，使其能够更有效地运转，并持续营造美国金融服务企业能够引领世界的良好环境。这些原则借鉴了其他国家，特别是英国和中国的经验，同时参考了金融科技领域一些早期参与者提出的行业自我监管建议。

行业自我监管工作

随着数百家新的金融科技公司参与到市场中来，该行业的许多先行者都意识到了小微企业在线借贷领域出现的各种问题，纷纷采取措施进行自我监管。其目的是剔除市场中的不良行为者，避免以透明度低和定价高为特征的"无底线竞争（race to the bottom）"，因为这种恶行竞争可能导致负责任的市场参与者被排除在市场之外。该行业还希望通过有效的行业自律来避免政府采取更加严格的监管措施。

其中一项工作，即《小微企业借款人权利法案》，是由借贷俱乐部和 Fundera 等在线贷款机构以及小微企业多数派（Small Business Majority）、阿斯彭研究所（Aspen Institute）和美国国家城市联盟（National League of Cities）等非行业利益攸关方于 2015 年制定并于 2017 年进行更新的。[1]《小微企业借款人权利法案》提出了签署通过该法案者认为小微企业借款人应当享有的六项"基本融资权利"，包括享有透明的定价和条款、非滥用职权型贷款产品、负责任的贷款审批、公平经纪服务、普惠信贷渠道以及公平收费规范等权利。[2]

我们认为这些都是各行业应当采用的正确原则，而《小微企业借款人权利法案》仍然是一个值得借鉴的模板。但是，它也只是一个模板，而非一个实施监管的详细指南。例如，在向借款人提供相关信息便于其在不同贷款产品之间进行对比方面，还没有形成一个公认的特定格式，虽然已经有一些团体提出了一些解决方案。其中一种格式是美国消费者金融保护局（CFPB）要求抵押贷款机构提供的一页纸信息披露。另一种建议格式被称为智慧框（SMART Box™），这是由 OnDeck、Lendio、PayNet 和 Kabbage 等公司主导的一个行业组织开发的，把贷款和还款金额、资金成本明细、利率（年利率）和贷款期限等信息都包含在一页纸中。[3]

　　行业自我监管可以真正发挥作用。例如，美国律师协会（ABA）制定了《模范律师职业行为规则》，为律师设定了应当遵守的最基本的执业标准。许多州将这些标准的全部或其中一部分吸纳到本州具有法律约束力的道德和行为规范要求中。虽然在线借贷行业也提出了一些强有力的措施建议，但这些措施即便是在那些提出建议者当中也并未得到广泛采用。如果有更大的协调力度，更多贷款机构决心参与其中，以及对不遵守规则的贷款机构加强惩戒的方法，行业自我监管将更能发挥作用。

　　遗憾的是，仅靠自我监督和自愿披露可能无法阻止个别贷款机构的掠夺性行为，因为原则和最佳实践并不具备法律效力。只有监管才能迫使每个贷款机构和经纪人公平对待借款人。如果没有统一的标准，当贷款机构和经纪人遇到行为不那么道德的竞争对手时，要让它们按照高标准行事就更难了。因此，决策者有责任建立一个法律框架，像对待银行一样，对金融科技公司的良好行业行为进行奖励。

其他国家的经验教训

　　美国并不是唯一面临这些问题的国家。由于金融科技创新是一种全球现象，美国的决策者已经可以从国外的监管机构那里吸取经验教训了——无论是好的还是坏的。

英国的正面经验

　　2008 年金融危机期间，英国前财政大臣乔治·奥斯本（George Osborne）回忆说，他曾接到大量要求帮助小微企业获得信贷的电话。[4]奥斯本和当时的首相大卫·卡梅伦（David Cameron）很快意识到，政府手头并没有什么抓手可以解决中小企业的借贷问题，从而帮助稳定经济发展。和拥有 5000 多家社区银行的美国不同，英国 80% 以上的中小企业借贷是由四家大银行完成的，而这四家银行当时都陷入了困境。

这场危机促使英国政府采取积极措施帮助中小企业借贷行业复苏。从英国政府所做的这些努力当中，美国可以很好地借鉴一些好的经验。这些经验可分为五类：①建立一个单一的监督机构，有利于保护金融体系和鼓励竞争；②在加强监管的同时建立一些鼓励和支持创新的机制；③对监管新实体的新规则进行系统性审查，以确保它们正常运作；④做好数据收集，使决策者能够监测到小微企业贷款的水平和差距；⑤如果消费者和小微企业能够掌控自己的数据，市场将更具创新性和安全性。

金融市场行为监管局

2013 年，英国政府成立一个新机构——金融市场行为监管局（FCA），负责对 56 000 多家金融服务公司的商业行为进行监督管理，以确保金融市场的"诚实、公平和有效"。它还成为约 18 000 家公司的审慎监管机构，负责确保其安全性和稳健性。[5]

但与大多数监管机构不同，金融市场行为监管局被赋予了第三项战略目标任务：促进"符合消费者利益的有效竞争"。这一促进竞争的目标任务使英国金融市场行为监管局能够以一种其他监管机构很少设想过的方式，积极主动地将金融科技和创新摆上议事日程。这个方法推动了"创新计划"的生成，这是一个备受议论的计划，为具有创新精神的金融科技公司提供一个平台，让它们得以在将某些商业理念推向更广泛的市场之前先对其进行一次试验。也许这个计划最有趣的部分在于监管沙盒（Regulatory Sandbox），一个让企业得以在现实环境中测试其创新产品、服务、商业模式和交付机制，而不会立即招致从事有关活动的所有正常监管后果的地方。[6]

例如，假设一家初创公司拥有一种新的算法，可以更好地预测出潜在借款人的信用度。一旦这家公司进入上述沙盒中，它就会得到英国金融市场行为监管局工作人员的个性化监管业务指导，有资格在英国金融市场行为监管局现行的监管规则中获得豁免或对其进行修改，如果公司与金融市场行为监管局公开打交道，还可以申请限制其纪律约束行动的"不采取监管行动"函。[7,8] 所有这些活动都是为了帮助初创公司测试其新想法，同时让英国金融市场行为监管局能够对行业的最新发展进行监测。沙盒运行后的第一年，英国金融市场行为监管局在其前两轮每轮为期六个月的申请期限内总共收到 146 份申请，并接受了其中的 50 份参与该计划的申请。[9]

对监管有效性的常规审查

2010 年，为应对金融危机，英国财政部实施了一系列法规，为发展迅速的英国 P2P 借贷市场的金融科技公司制定了一个监管架构。这些法规在不到九个月的时间内迅速被通过。由于市场是新的，英国财政部官员还制定了一个附加条款——将在一至两年内对整套监管规则进行审查，以确保它们在正常发挥作用。这种快速实施然后审查和调整立法的想法，在美国的立法中是没有的，就算有可能也很难实现，但这种理念是有益的，因为金融科技监管需要随着产品和市场对创新做出反应而发展。

强制性行业数据收集

金融危机后，英国也在数据收集方面采取了积极的措施。新成立的英国商业银行（BBB）负责从银行和在线借贷机构收集有关贷款发放和贷款存量的季度数据，包括成本费用和合同违约的指标数据，以更好地跟踪掌握信贷的供应情况和市场改革的进展。英国商业银行特别关注中小企业借贷市场和一般的金融科技中介市场。此外，银行被要求以保密的格式与监管机构和决策者共享其商业贷款数据，并通过信贷机构对其竞争对手公开这些信息，以进一步完善信用评估及对可能存在的歧视性行为的监督。这一努力似乎对政策制定以及对市场复苏情况的监测很有价值。

数据所有权——支付服务指令修订版（PSD2）与开放式银行业务

2018年，一套具有里程碑意义的金融数据管理规定在欧盟正式生效。支付服务指令修订版（PSD2）颠覆了金融体系的现状，明确赋予客户对其金融数据的所有权，并要求银行根据客户的要求通过开放式应用编程接口与第三方服务提供商分享这些数据。[10] 它还提供了让银行和金融科技公司进行公平竞争的环境，因为现有的公司不允许对客户数据进行垄断。支付服务指令修订版还包含其他一些规定，包括如何更好地保护数据隐私性的规定。英国实施了具有其自身特色的支付服务指令修订版，这被称为开放式银行业务，除了要求银行与第三方供应商共享数据外，还要求银行以标准化的格式提供数据。[11]

虽然支付服务指令修订版和开放式银行业务的长期影响尚未显现出来，但它们为美国决策者提出了一个至关重要的问题：数据的所有权。让小微企业拥有它们自己的金融数据并自行决定谁可以获取这些数据，将会改变市场的竞争态势。在这个监管框架体系下，新的金融服务提供商将有平等的机会获得信息并创造新的小微企业产品和应用。人们将密切关注新法规的实施情况，看看支付服务指令修订版和开放银行业务是否比让银行来掌控客户的数据更具有竞争性和创新性。

美国监管机构在围绕新的金融科技创新企业对金融监管体系进行设计时，可以借鉴英国的经验。如果对其放任不管的话，美国市场上已有的那些不良行为者可能会加快其对小微企业和整个美国经济都会造成损害的活动。相比之下，英国的模式提供了有用的指导原则，因

为政府与监管机构的行动既有力又克制，既直接又全面，已经取得了真正的成功。英国的例子表明，在鼓励创新和风险承担与监管和数据收集之间取得了一种有效的平衡。尽管在监管改革方面存在着美国政治的僵化和两极分化，但对美国监管机构来说这种模式并不难效仿。

美国金融改革的指导原则

为了美国小微企业的利益，我们必须走出两极分化的观点：即任何新的金融监管都对行业和消费者不利，以及与之完全相反的观点，即金融公司都是不值得信任的，必须将越来越多的规则堆积在它们身上。在 2003 年出版的《从资本家手中拯救资本主义》（*Saving Capitalism from the Capitalists*）一书中，拉古拉姆·拉詹（Raghuram Rajan）和路易吉·津加莱斯（Luigi Zingales）提出了保护自由市场需要政府干预的论点。[12] 政府需要保证企业的财产权，无论其规模大小，以确保在位者不会利用其政治优势为自己谋利，同时也为那些因经济变化而失业的人提供安全保障。两位作者还提出，政府对金融的过多监管实际上只会使在位者和内部人员受益，而无法鼓励动态市场并使消费者和投资者受益。平衡才是关键。

创新已经进入金融服务领域，而技术给产品和市场带来的变化还将继续。网贷平台的出现以及更普遍的数据和人工智能应用，可能会对贷款市场产生巨大的影响。巴塞尔银行监管委员会对此是这样总结的："金融科技有可能降低金融服务市场的准入门槛，提升数据作为一种重要商品的作用，并推动新商业模式的出现。因此，银行的风险和活动的范围和性质正在迅速发生变化，对它们进行管理的规则可能也需要随之进化。这些发展趋势有可能确实会比银行业以往的变化更加具有颠覆性，尽管就像任何预测一样，这一点是无法确定的。"[13] 变化来了，但我们的监管体系却还没有做好迎接这些挑战的准备。

重塑美国的金融监管体系将是困难的，但我们应该更加积极主动地全力以赴。答案不在于更多或更少的监管，而在于正确的监管——平衡的、合理的、在一个透明的环境中运行的规则。现在，是时候把小微企业借贷领域的金融监管体制改革真正提上议事日程了，这样的改革应当包含三项宽泛的原则：①促进创新；②加强对小微企业借款人的保护，同时确保金融系统的安全；③精简和简化监管环境。

原则一：促进创新

让小微企业拥有更多的融资选择，将有利于贷款机构、小微企业和整个经济。监管体系可以通过好几种方式来实现这一目标。

与创新者互动

英国为监管机构和金融科技创新者如何进行互动以鼓励负责任的创新提供了一个模式。英国金融市场行为监管局的监管沙盒为创新者提供了一个平台，让其可以对产品进行测试，并获得关于产品应如何设计才能通过监管要求的宝贵反馈意见。这个模式也有助于监管机构了解技术和方法的变化，以及去适应它们的最佳方式。许多其他国家都效仿英国的做法创建了自己的金融科技监管沙盒，包括澳大利亚、新加坡和中国。[14]

2017 年，美国货币监理署（OCC）新设了一个创新办公室，其中就包含了一个"宽松版"的监管沙盒。该计划为金融科技公司和其他有创新想法的公司提供了与监管机构进行协作的工具，但没办法让参与者豁免相关的法律责任。[15] 另一次尝试则是亚利桑那州议会于 2018 年通过立法，创建自己的金融科技监管沙盒，同时还有其他州也在考虑采取类似的行动。[16]

这些都是良好的开端，但正如英国模式所显示的那样，监管机构对于创新的鼓励不能只是拥有一个"监管沙盒"，停留在嘴上说说而已，而应该做得更多。

真正应该做的是为金融科技创新者提供一个关于如何与监管机构进行互动的明确指导：进入创新环境所提供的保护措施是什么？这些许可能够持续多久？在信息披露方面需要遵循什么样的规则？创新者要如何申请成为监管沙盒中的活跃参与者？鉴于很多机构都拥有监督权，在州与联邦监管机构之间进行协调以便相关公司能够进入监管沙盒也将是一个必要的组成部分。

数据所有权、隐私权与透明度

数据是即将改变小微企业借贷市场的众多创新的关键要素。这无论是对金融服务监管机构还是负责政府监督和保护的多种不同行为者，都提出了一系列具有挑战性的问题。当涉及较为敏感的金融数据时，这些问题尤为突出。决策者将需要决定谁拥有不同种类的数据，包括交易信息，以及小微企业的信用评分等。围绕着企业是否应该有权知道是什么在影响着它们的信用评分，以及它们可以做些什么来提高自己的评分，人们表现出了极大的关切。

大多数小微企业借贷的倡导者认为，透明度越高越好，而且在有条件的情况下，小微企业应该拥有自己的数据。然而，那些已经开发出专有信用评分或其他算法的创新者则担心，过度透明会削弱它们的竞争优势，导致创新减少。这个问题的正确答案应该是寻求平衡——同时要重视小微企业的信息披露。

在数据所有权问题上，我们可以从支付服务指令修订版以及英国2018年实施的开放银行业务中吸取许多经验教训。这种新的数据监管方法有两个关键组成部分：首先，客户和小微企业拥有它们存在于银行的数据。其次，它们也可以通过应用编程接口无间隙地发布这些数据以供其他实体使用。其目的是既保护数据隐私性，又允许在数据使用方面有更大的创新，使消费者和小微企业受益。虽然结果还不知道，但美国监管机构需要密切关注欧洲的经验做法，并认真考虑某种形式的开放银行业务框架是否有利于美国市场。

原则二：照顾好小微企业

当前的监管法规需要进行调整，以确保小微企业得到更好的保护，特别是当市场上出现新的创新产品和服务时。

小微企业借贷适度信息披露要求

如果有一个人申请贷款为自己买一辆皮卡车，他／她将受到许多消费者权益保护相关法律法规的保护，包括标准化的价格和贷款条款信息披露等。但是，如果同一个人申请贷款购买皮卡来扩大其小型草坪护理业务，许多同样的保护措施就不适用了。鉴于小微企业借款人往往很难与消费者借款人区分开来，这种二分法没有太大的意义。而且，在更根本的层面上，所有借款人都应该能够轻易地了解并对其信贷选择进行比较。

2007年联邦贸易委员会（FTC）的一项研究发现，让贷款人能够对有关贷款条款进行交叉比较的信息披露极大地提高了借款人对抵押贷款选择的理解能力。[17] 贷款信息披露已经以一种可行的方式存在于消费者贷款中，因此贷款机构可以先以这些为例。正如我们所看到的，小微企业主想要了解贷款的成本、费用和条款，以便做出正确的信贷决定。[18] 然而，鉴于消费者和小微企业的贷款产品可能会有越来越不一样的特点，因此我们可能需要一套更加具有针对性的保护措施。[19]

收集小微企业借贷数据

决策者的首要任务应该是以一种对监管者和金融公司来说负担最小的方式来提高可获取的小微企业借贷数据的质量。这是至关重要的一步，它将使有关小微企业政策的其他每项行动变得更加容易。需要收集的最重要的数据是有关小微企业贷款发放的信息。这应该包括借款人所申请的信贷类型和目的，申请的信贷金额和发放的信贷金额（如有），申请是被批准还是被拒绝，以及关于申请人的人口统计信息和位置信息等。

这些指标已经在《多德－弗兰克法案》第 1071 条中要求提供。在本书第 10 章中，我们提出了逐步收集这些指标的方法，并减轻了业界对实施该条款的担忧。对复杂的金融市场进行监管是一项艰巨的任务。如果缺乏关于这些市场交易的良好数据，就会增加找出并阻止不良行为者以及设计出好的小微企业政策的难度。

保护小微企业不受歧视

随着大量数据涌入贷款审核过程中，新的责任也随之而来。由于贷款机构越来越依赖于个人信息和交易数据作为其标准化算法的一部分，对监管措施进行调整以避免不利的歧视性影响将是非常有必要的。我们在本书第 8 章中提到过根据司机是否购买冷冻比萨饼来预测他们是否会发生事故的事例，这似乎是一个无关痛痒的例子，但是，它却预示着关于人工智能将如何被使用以及它可能造成某些特定人群边缘化的真正危险。这些并非只是存在于想象中的担忧——社交媒体和其他平台上已经出现令人不安的应用人工智能的例子，这种不安距离金融服务领域也不会太遥远。

在由大数据驱动的金融服务世界中，营造一个智能化的监管环境是复杂的。使用人工智能或其他算法来指导其如何与客户进行互动的金融公司，将需要与监管机构分享其模型的内部运作方法。监管机构将需要专业知识来对这些复杂的活动进行评估，同时需要相关数据来查看会否出现歧视性后果。一个有用的能够与之相提并论的例子是，自金融危机以来，监管机构用以获取关于如何对银行内部风险模型进行监督的专业知识的过程。金融监管机构的一个优先事项应该是就其所使用的算法和机器学习工具以及这些算法对受保护阶层所造成的影响，与贷款机构进行透明而安全的沟通。

原则三：精简金融监管体系

各个监管机构的权力经常发生冲突，这给行业参与者的合规性带来很多不必要的麻烦。甚至在在线借贷出现之前，还有许多小银行对来自不同监管机构关于同一笔贷款的相互冲突的指令感到沮丧和焦虑。此外，每个机构都有自己的审查程序，这就导致了重复的信息提供要求和其他不同形式的低效率。

多年来，人们给出了许多提议，以减少美国金融监管体系中的各自为政和重叠现象。美国两党政策中心 2014 年的一份报告建议进行一场全面的改革，包括将美联储（Fed）、美国联邦存款保险公司（FDIC）和货币监理署（OCC）的银行审慎监管职能合并为一个拥有统一的联邦特许状的机构，将证券交易委员会（SEC）和商品期货交易委员会（CFTC）合并为一个机构来对资本市场进行监管，并创建一个联邦保险监管机构。[20] 美国财政部 2018 年一份关于金融科技与创新的报告则包含了关于敏捷监管、监管沙盒以及提高监管框架透明度与效率的建议。[21]

总的来说，减少各自为政和交叉重叠的管辖权以及重复的监管职能将使美国的金融监管更有效、更高效。金融科技为精简监管体系提供了机会，事实上这也是必要的。关于如何修订和改进监管法规的决定应基于明确的事实证据，而不是作为对行业压力或意识形态观念的回应。而且，监管审查和改进应该是一种持续的做法，就像在英国那样。

制定宽泛的原则而非限制性的规则

无论一项政策或法律制定得多么完善，这个世界都不是永远静止不动的。优秀的决策者要有判断力，能够通过更新方法与监管规定来适应不断变化的环境。尤其在当今科技日新月异的时代，这一点显得尤为重要。

确保适应性的一个好方法是，在条件允许的情况下，依赖于宽泛的行为原则而非限制性规则来进行监管。其中一项原则是以相同的方式对相同的活动进行监管。这意味着，一个提供小微企业贷款的实体，无论它是银行还是非银行贷款机构，都要遵守相同的信息披露原则或商业操守准则。像《小微企业借款人权利法案》中所体现的那些基本原则，可以成为更为具体的立法或监管行动的重要基本原则。一个总的原则可能是促进明确的产品信息披露，让客户感到容易理解和进行比较。这种基于原则的方法也将提供更多的一致性——避免由于不同机构针对数据的所有权和隐私性制定了自己的规则而出现相互冲突或令人困惑的指导意见。

确保不同监管机构之间的建设性沟通与协调

至少，监管机构应当相互分享相关信息，并尽可能地协调各自的工作。在2008年金融危机之后，美国国会认识到各自为政和缺乏协调是问题所在。他们通过在《多德－弗兰克法案》中设立金融稳定监督委员会（FSOC）作为其成员机构，定期开会讨论共同关心的问题，来对此做出回应。另一个跨部门的机构，联邦金融机构审查委员会（FFIEC），则成立于1979年，其目标是"规定联邦金融机构审查的统一原则、标准和报告形式"。金融稳定监督委员会（FSOC）和联邦金融机构审查委员会（FFIEC）一直都很有帮助，但还应在其他方面加强协调。

2014年，美国两党政策中心的一份报告建议成立一个由美国货币监理署（OCC）、美联储（Fed）和美国联邦存款保险公司（FDIC）的审查员共同组成的联合工作小组，他们将联合开展对银行的审查。相关的州银行监管机构也可以选择加入该工作小组。工作小组将向接受检查的实体提交一系列问题，并发布一份联合检查报告，每个相关机构都可以即时查阅。[22] 诸如此类的创意将是试点项目的最佳选择——也许可以由联邦金融机构审查委员会（FFIEC）进行协调——并在实践中对其进行测试。

正如我们在本书第 10 章中所讨论过的，第三方供应商之间也可以有更好的协调。如果各个机构都能尽可能地就它们的指导意见进行协调，并为金融公司提供单一的机构联络点，以简化有关第三方安排方案的沟通交流，它们就能够确保合规负担不会超出需要的程度。例如，联邦金融机构审查委员会（FFIEC）可以定期对审查员进行培训，并在所有监管机构之间进行协调，以便审查员拥有相同的标准来管理第三方规则。

利用创新加强监管

创新在监管合规方面也很重要，监管技术的应用越来越多。监管技术应用可以在两个方面有所帮助。首先，企业可以越来越多地使用技术来确保其遵守规则和其他要求。而监管机构则可以利用创新找到更有效、更低成本的方式来进行合规性审计，发现异常情况，并找出潜在的不良行为者，以便进一步进行审查。一些国家甚至利用监管沙盒、"全力冲刺"以及"黑客马拉松"等方式，来解决特定的合规性问题。总的来说，更多的数据、更多的透明度和更多的流程精简，是监管者和决策者持续改进监管流程和监管效果的绝佳口号。

正确地进行监管是困难的，因为这要求在适当的监督和促进创新之间找到平衡。监管不足可能导致不良行为者或另一场金融危机的出现，从而对小微企业造成伤害，而监管过度则可能扼杀那些有助于小微企业轻松运营的新产品和创新。

遗憾的是，当其他国家都已经积极主动地寻求摆脱这一困境的办法时，美国却还须补上一课。对于监管机构来说，现在加紧完成任务还为时不晚。事实上，监管机构如何应对摆在它们面前的挑战，将决定美国能否抓住这次巨大的机遇，在金融科技和创新方面取得领先——并帮助到全国的小微企业。

结　论

Conclusion

12

Fintech,
Small Business & the
American Dream

金融科技的未来
与美国梦

小微企业自早期文明时代就已存在，而对小微企业的贷款也几乎有着同样的历史。传统借贷的起源可以追溯到 3000 年前美索不达米亚地区的书面贷款合同，这些合同展示了信贷系统的发展，并包含了利息的概念。

这些古老的记录包括提供给美索不达米亚乌尔城邦的一个面包经销商 Dumuzi-gamil 的一笔贷款。他和他的合伙人从商人 Shumi-abum 那里借了 500 克银子，后者的行为看起来像是一名银行家。Dumuzi-gamil 通过经营专门供应神庙的特供面包店，成为该地区远近闻名的面包经销商。事实上，有一块碑文将他描述为"国王的粮食供应商"。这位早期的商人支付的贷款年利率为 3.78%。他的一些同事则没有那么幸运。据记载，其他贷给渔民和农夫的银子，单月利息高达 20%。[1]

即便是在 3000 年前，商业活动的结构也需要有可以用来资助企业的资本，而资本的所有者则需要从这些资源的使用中获得回报。值得注意的是，这种原始的合同关系至今依然是小微企业与其贷款机构之间关系的基础。

随着时间的推移，小微企业贷款一直都没什么变化，因为小微企业经营的基本数学原理一直保持不变。一家企业销售商品或服务，扣除产品成本之外还要有一定的利润。即便是一家高利润率的企业，每笔交易的利润也只占销售额的一小部分。这使得它很难积攒起投资于土地、动物或用品方面所需的大量资本。

让我们进到内部看看小微企业贷款机构，以及由此产生的贷款合同、利息和随时间推移的还款安排。几个世纪以来，随着货币、银行和传统贷款产品（如定期贷款和信用额度）的出现，这些安排的许多方面都发生了变化。但就其核心而言，小微企业对资本的需求并没有改变。

直到最近，小微企业资本的现代市场一直都运转得很好，尽管还不是最佳状态。美国的大小银行提供各种各样的贷款产品和客户关系活动，以满足小微企业对营运资本和扩张投资的需求。在 20 世纪的大部分时间里，小微企业贷款几乎没有任何创新，只是逐步使用科技来实现现有流程的自动化。客户感受到的服务效率低下，而且需要填写大量的纸质材料，但市场却几乎感觉不到做出改变的压力。

而今不再如此了。正如我们所看到的，2008 年的金融危机和新的金融科技竞争者的进入是一套"组合拳"，激发了新一轮的小微企业借贷创新。僵化的信贷市场显示了小微企业借贷对经济的重要性，而缓慢的复苏则突显了市场空白。企业家们表明，科技可以改变传统小微企业借贷过程中的内在摩擦，一个创新的新时代由此诞生。

在这个新时代里，我们要提出最后一组问题：未来的小微企业借贷环境将是什么样子？科技将如何促成新产品和活动的出现？信贷是否会更广泛地提供？更多的小微企业将得到更好的发展，还是许多小微企业将被不良行为者所利用？鉴于小微企业需求的基本面和我们所探讨的借贷市场的变化，未来究竟是什么会变得不同——又是什么会保持不变？

小微企业借贷领域的真相

小微企业借贷领域的变革正在蓬勃发展，因为创新者正在寻找新的方法来解决市场上的一些基本障碍或矛盾。这些矛盾已经存在很长时间，而且一直难以得到改善。它们是如此的恒定，以至于我们称之为小微企业借贷领域的"真相"。

第一个真相是，并非所有企业都能成功。事实上，小微企业的失败率是惊人的。在过去的 10 年里，在美国创办的企业中，超过 50% 的企业还没有撑到第五年就失败了。向这些企业中的大多数提供贷款并不是一个好主意，因为它们失败的原因除了缺乏信贷外，还有其他一些原因。它们的产品或服务往往并非客户想要的，或者它们所提供的东西无法带来很好的利润。

即便在经济最繁荣的时期，当信贷相对容易获得时，大约也有 50% 的贷款申请被拒绝，因为小微企业的信用度不够。如果这样的企业申请到贷款后经营失败，这笔贷款将成为一种额外的负担，让企业主不得不拼命想方设法去偿还。因此，我们的目标不是向每家小微企业提供贷款，而是向那些有足够信用度的企业提供贷款，也就是说，它们将能够有效地利用贷款资金来帮助自己取得成功。一个与之相关的目标是为每位有信用的企业主提供适合其公司业务的贷款：适当的贷款金额、适当的贷款期限和适当的成本费用，以及让借款人能够成功处理和进行偿还的贷款条款。

第二个真相是，我们很难知道谁才是信用可靠的人。许多小微企业主不太了解他们自己的现金流情况，因此，可能会碰到出乎其意料之外的现金短缺。企业有时需要现金来渡过一段艰难的时期，而有时它们需要现金是因为其业绩比预期的好。企业增长的一个最不被理解的现实是，它通常需要现金来支持营运资本或固定资产的增加。因此，一家快速增长的企业如果不提前计划好如何获得其未来所需的信贷，它可能就会耗尽现金，甚至经营失败。

贷款机构很难确定一家小微企业主是否具备信用资质，其原因有二，我们前面已经讨论过。第一个原因是它们的信息不透明。我们很难知道一家小微企业是否有足够的利润，特别是考虑到它们往往自己都不清楚这一点。第二个原因是它们的异质性，即所有小微企业都是不同的。由于这种异质性，很难生成"真相档案"——可以自动批准贷款申请人获得信贷的通用公式。在传统小微企业借贷领域，银行业者可能会花几周时间与一家小微企业打交道，详细了解其经营情况，最后却只能要求其提供个人担保。第二个真相带来的一个必然结果是，银行业者会尽可能地寻求抵押品，特别是当企业的发展前景并不透明时。

这两个真相是我们在本书中所讲述的故事的基础。尽管小微企业对经济很重要，但小微企业借贷并没有发生太大变化，因为这种借贷是有风险的，而且信息不透明问题使得贷款申请过程成本很高，且难以自动进行。为了抵消不利影响，银行业者只能通过将企业视为企业主的延伸，并将其个人担保的标准设定为除信用度最高者之外的任何人都适用的标准。

小微企业借贷市场这些长期存在的矛盾对成立时间较短或规模较小的企业来说是最令人头疼的，因为这些企业最不透明，抵押品最少，而且最有可能经营失败。但是，美国3000万家小微企业中的大多数确实规模都很小，它们如果想要寻求资金支持的话，很可能都会申请小额贷款。其结果是造成市场的空缺和低效率，以及信用可靠的借款人在申请获取其所需的资金时要么被拒绝，要么遭受重重阻挠。

小微企业借贷的未来

今天我们拥有的科技可以生成小微企业主及其贷款机构以前从未接触过的信息和情报。这将从根本上改善小微企业借贷市场。

未来会发生什么变化？

让我们来想象一下未来的状态，在这种状态下，贷款机构和借款人拥有更充分、更透明的信息，并且有一个活跃而流动的市场来对贷款的供需进行匹配。一个更完美的小微企业借贷市场能够带来什么好处，又有什么风险和不确定性会破坏其正常运作呢？

信息匹配更加对称

在这个市场上，大数据和人工智能将发挥核心作用，帮助贷款机构确定小微企业借款人的经营能否获得成功。如果科技能够显著提高分辨信用可靠和信用不可靠的借款人的能力，那么每个人都将从中受益。贷款机构如果能够更加清楚哪些借款人的信用风险等级低，就会避免把更多的债务堆在那些可能将无力偿还的人身上，这反过来又可以让它们以更低的成本向那些信用可靠的借款人放贷。

减少差距

在一个具有完美信息的市场中，任何符合信贷标准的借款人在获得信贷方面都不存在任何差距。其结果是：更多信用可靠的企业将获得贷款资金，特别是那些寻求小额贷款的企业。Square 的平均贷款规模为 6000 美元，这意味着许多以前从未获得过贷款资金的零售商可以购买他们经营所需的设备。自动交易的成本降低，将使这些小额贷款也能盈利。

当然，在现实中，完美或完整的信息是不可能存在的。没有任何数据源可以捕捉到小微企业主的创业才能，而这可能才是企业获得成功的关键因素。也许我们不可能完全复制一个了解借款人本人的关系型银行业者的投入。但现在市场上充斥着金融科技创新者、大型科技公司和传统型银行，它们正在寻找具有预测能力的数据方面开辟一番新天地。回顾第 8 章中关于 Tala 公司的故事。该公司在发展中国家运营，利用从安卓手机中收集来的数据预测没有正式信用记录或银行业务关系的店主的信用度。它们成功地提供低至 100 美元的贷款，为这些企业主打开通往更多经济机遇的大门。

在美国，没有人知道在获得信贷方面的差距有多大，也没有人知道，如果技术能够使市场运作达到最佳状态，情况会改善到什么样子。不过，即便只有小小的改善，也可能会有数以万计的小微企业将受到影响。[2] 长期来看，技术可能会帮助贷款机构找到更多信用可靠的借款人，而用户体验中矛盾的减少会降低借款人的搜索成本，让他们更容易找到贷款。

搜索成本降低

完美的小微企业借贷市场将提供更好的客户体验。我们已经看到，有一些贷款申请表格内容简短，容易填写，并且支持通过应用编程接口（API）进行的自动数据访问。过去要花 25 个小时申请贷款的小微企业，现在有了完全数字化的体验和近乎即时的回应。对于那些因时间投入和程序冗长而望而却步的小微企业来说，未来的新借贷市场将更加开放、更加透明、更加合用。这应该能够让更多借款人进入申请贷款的流程，并提升他们在符合贷款标准的情况下获得匹配贷款的能力。

透明度和产品选择

具有充分透明度和选择的比价购物将成为未来小微企业借贷市场的一部分。借款人将能够了解不同贷款选项的成本、优点和风险，并能够基于一个公平合理的标准来对这些选项进行对比。我们已经看到这样的故事在个人信用卡领域上演了。20 世纪 90 年代，几乎所有的信用卡优惠都是通过邮件或银行分支机构提供给消费者的。然后，在 21 世纪初，银行开始在网上提供产品，这使得消费者可以在家里舒适地进行购物和比价。现在，Credit Cards.com、Credit Karma 和 NerdWallet 等购物网站正在提供聚合式服务，使消费者能够在网上逐个银行进行比价和购物。消费者可以在一个中心位置获得用简单的英语写成的关于所有可提供的产品、定价以及获批概率的完整信息。尽管小微企业贷款产品更加复杂，但 Fundera 和 Lendio 等比较平台已经存在，其功能还将得到进一步改善。在这种新的环境中，信贷提供者面临的问题将是，正如一位投资者所言，"一个理性的消费者在拥有完美信息的情况下还会选择你的产品吗？"[3]

风险定价

在一个完美运作的市场中，每一家想要贷款的小微企业都可以得到贷款，只要满足下列三个条件：

1. 企业主足够精明并有充足的信息来源，能够知悉贷款的全部成本费用，包括货币成本和"生命"成本。这意味着借款人能够理性地评估失败或者成功将给自己和家人带来什么样的后果。
2. 从经济层面和法规层面激励贷款机构全面披露贷款的所有成本费用。
3. 贷款机构能够完美匹配信贷价格与所提供信贷的风险。

如果这三条原则能够正常发挥作用，那么理论上，市场会将每笔贷款的风险与一个价格进行匹配。如果借款人愿意支付这个价格，贷款就会发放。至于成本是否太高，那就是每个小微企业主的个人选择和责任了。[4]

这个市场可能就是我们前进的方向。某些金融科技创新者提供的贷款价格比银行提供的要高。但是有些借款人，比如第 5 章中提到的 NYC 帽店的琳达·帕甘，就很乐意接受这些贷款，因为它们符合自己的需求。

但风险定价和小微企业贷款的自由市场解决方案也伴随着一些顾虑。行为经济学家已经证明，人类有淡化长期负面后果和过度强调短期胜利的倾向。企业家和小微企业主甚至比大多数人更有可能对未来可能出现的后果持乐观态度。如果小微企业主普遍不乐观，那么当初冒着风险创业的人就会少得多。这些企业家是否能够理性地评估未来的贷款违约风险，或者他们只是把钱拿走然后相信一切都会很顺利？

金融科技市场上一些贷款的高成本提出了另一个问题：我们愿意容忍市场上什么样水平的定价？是否应该有个上限，或者我们应该让市场来决定价格水平，让借款人在接受贷款时自行去判断？尽管对这些问题存在着尖锐的分歧，但从逻辑上说，这些成本有时候真的是高得让小微企业主根本无力偿还。

高利贷法和最近对发薪日贷款机构的监管工作早已认识到债务陷阱的风险。不过，有些人认为，快速的短期现金选择仍然是企业必要的生命线，即使它成本很高。比起让太多的小微企业成为过度乐观的预测的牺牲品，最终失去它们的企业甚至更多，倾向于对贷款利率设置上限，并与市场的低效率共存，或许是一个更好的解决方案。在贷款条款和小微企业借款人保护措施不完全透明的环境下，对贷款利率设置上限或限制条件尤其合适。

完美的信息平台

第 8 章中描述的小微企业乌托邦涵盖了一个为小微企业提供的信息平台，让它们得以更深入地了解其企业财务方面的相关信息。特别是，我们所想象的这个控制台整合了来自银行报表、支付活动、历史销售和支出模式等信息流，以预测企业现金流及可能发生的资金短缺。随着一个更具有流动性的借贷市场开始运作起来，不同的信贷选择也将触手可得，还有一个自动的"机器人"将提供财务建议。在这个理想世界里，该系统将得到人类顾问的有益补充，后者将与小微企业主建立联系，并以更加个性化的方式提供及时的咨询服务和独到见解。

任何经营过小微企业或与小微企业主打过交道的人都知道，尽管他们有能力、有才干，但是要在脑子里对企业的财务状况有个完整的图景是很难的。QuickBooks、Xero 和其他会计软件提供了帮助，但许多企业家却还是凭着直觉辅以一堆废纸来进行财务管理。这种不太完美的手工操作过程的摩擦和低效率将被一个包含三个要素的解决方案所改变：一个整合了各类财务信息流的控制台，简单易得的贷款产品，以及个性化、自动化的建议。有了这些工具，可能会让失败的企业数量少一些，至少不会因为意料之外的现金短缺或对现金状况的管理不当而失败。

小微企业的心声

小微企业并不是无人问津，但有时它们确实默默无闻。正如我们在第 2 章的开头所指出的，小微企业在美国人心中有着特殊的地位，也是两党达成共识的少数领域之一。但是，小微企业的声音有时在谈判桌上是缺失的。小微企业主是一个独立而多样化的群体，他们忙于经营自己的公司，所以他们很少召集在一起开会以表达自己的优先事项。我们从银行对其客户在传统借贷体验中的痛点反应迟钝中看到了这一点。

然而，有迹象表明，小微企业的心声正受到越来越多的关注。2009 年，杰克·多尔西（Jack Dorsey）创立了 Square，其初衷主要是让小微企业的生活更美好。在旧金山的每一天，他都会走不同的路线去上班，这样他就能观察到小微企业主开门营业和忙于日常工作的情况。[5] 他将关注点转化成 Square——一个让小微企业主得以轻松处理其信用卡支付的设备，然后又转化成 Square Capital 公司。其他新进入市场者，如工资与福利运营商 Gusto，以及会计软件供应商 Xero，都将小微企业视为重要客户，并进行创新，以更有效地满足它们的需求。

科技也在让小微企业变成一个联系更加紧密的共同体。一家位于波士顿的新公司 Alignable 建立了一系列为小微企业主服务的在线网络。在超过 3 万个地点，Alignable 平台让 300 万家小微企业互相提供建议，分享它们所面临的问题及其认为有帮助的解决方案。[6] 通常，它们会相互推荐企业给对方，或者只是对社区论坛上提出的问题进行头脑风暴式的回答。也许这种充满活力的小微企业在线社区是新的替代性关系建议的来源之一。它肯定会对为小微企业问题提供解决方案的好主意、好产品和好公司的传播产生积极影响。

黑匣子的黑暗面

大数据和算法的使用将带来新的产品和服务，但也带来了一些新的顾虑。目前还不清楚，科技所带来的变化将对传统上服务不足的市场中人们获得贷款资金的机会产生什么样的影响。在过去，妇女和少数族裔群体一直很难找到愿意贷款给他们的贷款机构。希望有了更高效的市场和新的数据来源，更多来自服务不足的市场细分领域的信用可靠的借款人能够获得贷款。然而，其计算公式不公开以备审查的"黑匣子"算法，可能会导致更多的歧视，而不是更少。

想要抛开这些顾虑继续前进的一个方法是收集关于小微企业借贷市场上获得资本的实际数据。最相关的指标是按贷款规模和小微企业主类型划分的贷款发放数据。正如我们前面说过的，要求对此类数据进行收集的法律是在金融危机后通过的，但尚未真正实施。[7] 如果有一种方法可以对可能发生的糟糕的市场结果进行跟踪的话，可能就会有更多的创新发生。收集此类信息，并利用它来识别和填补市场缺口，是一个功能强大的小微企业借贷市场中至关重要的基础要素，因为人工智能已经成为借贷决策不可分割的一部分。

政府的作用

掌握了从更好的信息中获得的独到见解，政府就可以在出现市场缺口时发挥更有效的干预作用。社区发展金融机构（CDFIs）、小企业管理局（SBA）等项目以及许多州和地方的举措都已经发挥了这一作用，而且往往会产生巨大的影响。未来，银行可以更有效地利用《社会再投资法》（CRA）资金，瞄准小微企业借贷中的市场缺陷，改善其获得资金的机会。

政府还必须确保小微企业身处新的机遇时不被不良行为者利用。在金融科技的早期发展阶段，出现了带有隐性费用的高成本产品和激励机制错位的经纪商。正如我们之前所说的，政府需要采取措施，通过建立一个更加有效的监管环境，以与保护消费者同样的力度来保护小微企业主。

关于金融科技与小微企业借贷行业未来的预测

接下来会发生什么呢？当然，我们并不确定。但是根据前面几章所描述的内容，我们可以做出一些预测：

预测一：数据所有权将决定小微企业平台的创新水平

我们描述过一个新的小微企业乌托邦，在这里，各种信息流汇集在一起，为小微企业的现金和财务需求提供更加透明、更有帮助、更具预测性的意见。这种数据整合将改善小微企业如何决定自己需要什么样的资本，贷款机构如何评估自己是否愿意提供贷款，以及市场如何有效地匹配各方等。长期来看，这种强化的信息将提高小微企业主的成功率，让他们能够提前做好准备并处理好意料之外的现金波动。

谁来提供这个综合数据平台？

这个问题的答案将取决于一个不太可能的信息来源——关于数据所有权的监管。如果银行，甚至是大型科技公司，控制着客户的金融数据，那么它们将可能成为综合数据平台的核心推动者。有些人认为这是一个巨大的错误。澳大利亚金融科技协会（FinTech Australia）首席执行官布拉德·吉斯克（Brad Kitschke）说过，"允许大银行控制或限制对数据进行访问，不符合消费者的利益。如果不能获取这些数据，消费者将继续被迫接受大银行提供的现成的通用产品，而这些产品并不能满足他们的需求"。[8]

在欧洲和英国，最近的立法已经把数据的控制权交给了客户。我们相信这种架构将推动更多的创新。正如金融科技公司 Plaid 所展示的那样，我们可以在后台建立新的基础设施，将数据流整合成有用的格式。这将允许创新者在客户的许可下访问相关数据，并创建平台，从根本上改变小微企业的财务运行方式。然后，银行和其他金融公司可以使用这些解决方案，或创建自己的解决方案，但不会从源头上控制数据。我们应该仔细观察那些已经采用开放式银行业务的国家，因为它们无疑将能够为我们提供有用的经验教训，让我们知道该做出什么样的决定，避免犯什么样的错误。

目前还无法完全确定美国是否会实施开放银行监管。银行和大型科技公司在控制数据方面拥有既得利益，而且在目前的环境下，并不具备进行新的数据隐私权立法的动力。如果出现强大的创新，例如我们所描述的控制台和其他工具，或者如果有其他压力施加到数据安全上，这种情况可能会发生变化。当我们探索这些领域时，值得记住的是，市场和竞争的理论支持这样的预测，即让数据更多地掌控在客户而非大型机构的手中，可能会带来更多产品与服务的试验和机会，从而改变小微企业的生活。

预测二：小微企业银行将会出现

本书的叙述是从这样一个事实开始的，那就是：小微企业很重要，但往往没有得到应有的关注。在贷款方面，小微企业的产品与服务有时被视为规模较大的消费贷款部门的穷亲戚。未来情况将不复如是。未来小微企业借贷领域的赢家将是那些专注于理解和服务于小微企业独特需求和经营活动的市场参与者，无论新老。随着低成本的数字银行能够在全国范围内提供服务，提供一流服务的专业银行将成为一个新的竞争主体。

这些未来的小微企业银行将为人们获取贷款、信用额度、支付平台、商业智能和许多其他产品与服务提供一个综合门户。它们将创造易于使用的数字体验，以迎合时间紧迫的小微企业主，并将过去需要填写书面材料或亲自到分行进行办理的业务自动化。但是，它们不会放弃人与人之间的关系。无论是通过电话、网络还是面对面的方式，成功的市场参与者将找到各种不同的方法来满足小微企业主对个性化意见建议的无限需求。这些解决方案有可能像摩根大通的BizMobile™商业贷款计划（第8章）那样传统，也可能像 Alignable 的小微企业网络上的同侪咨询小组那样新颖。

随着网上银行的兴起，垂直专业化的小微企业银行也将出现。通过专注于特定行业，这些银行将提高其在贷款审核方面的专业知识，以及提供更多定制化服务和建议的能力。例如，想象一下新的金融服务实体准备支持餐馆、电工或牙医，并创建适应该小微企业细分市场的定制化财务管理控制台和贷款产品。随着最佳解决方案的出现，人们的口口相传，加上小微企业网络社区的推动，将使客户不断涌向供应商。

从更长远的角度来看，小微企业信贷的数字化将给借款利率和利润空间带来压力。随着各种选择越来越透明，越来越容易进行比较，企业主也将更容易找到符合他们需求的产品。正如保险和抵押贷款等一些消费领域的产品所显示的那样，这一趋势将使产品和服务商品化，因为客户要求比较功能和简单的互动。银行和其他金融服务提供商如果想在未来保住其作为小微企业主要资金来源的地位，至少需要拥有达到基本水准的具有竞争力的贷款产品，并成为其他特别选项的渠道。

预测三：监管将跟不上

虽然决策者积极主动一些是最理想的，但历史表明，人类的本性往往更倾向于被动反应。特别是国会，它是一个被动反应机构，因为选民奖励当选官员的原因在于他们对问题的应对，而不在于防止问题发生。美国的金融监管机构具备一个优势，那就是有不受国会和行政部门束缚的更大的独立性，包括在某些情况下它们是拥有独立资金的。这使得它们有更大的自由度去采取主动，有时候它们也确实如此。但是，要修正美国金融监管体系结构分散以及其管辖范围重叠和重复的问题，将需要更好的协调、更具前瞻性的政策和两党的真正决心。

因此，我们预计，监管要跟上将很难，这对市场很不利，会让不良行为者得以利用毫无戒心的小微企业，并且助长混乱且成本高昂的监管环境的形成。如果政策的制定无法变得更加积极主动，那么在一个对数据的使用激增的世界里，将产生人们意想不到的后果，例如隐私性问题和差别性影响等。

金融科技、小微企业与美国梦

本书的观点大体上是乐观的。小微企业借贷市场出现更多数据和努力创新总体上是一种好的趋势，我们预计这将对小微企业的最终结果产生积极影响。金融科技企业家的进入唤醒了银行和传统贷款机构的竞争本能，它们已经意识到自己并不想把小微企业市场拱手让给新的市场颠覆者。大型科技公司也已经表明，它们将小微企业借贷视为一个重要的竞争场所。这种竞争的加剧是有利于小微企业的，因为它们常常被贷款机构所忽视，总是处于消费者和大企业的阴影之下。

当然，未来的情况并不全是美好的。目前这种状态下的美国监管体系尚不具备保护好小微企业主的能力，而政治现实却似乎有可能会阻碍对当前这种规则的困境进行简化。尽管如此，我们可能正处于至少一个世纪以来小微企业借贷领域最积极的变革边缘。随着新企业家的进入，以及老牌参与者的创新，人们的注意力将集中在了解小微企业想要什么，并提供新的选择，这会让小微企业更容易获得成功。

经济学界长期以来就金融能在多大程度上促进经济增长而非仅仅跟随经济活动的发展是有争论的。在 1997 年发表的一篇影响深远的文章中，罗斯·莱文（Ross Levine）概述了金融部门推动经济增长的几个关键职能，其中包括资本分配。[9] 莱文认为金融市场的发展对经济增长具有至关重要的影响，而不是无关紧要或被动的"副业"。因此，减少借贷等关键职能领域的摩擦、推动金融市场更好地运行的创新是一种积极的力量，必将带动更大的繁荣。从我们今天所看到的证据来看，对于小微企业借贷以及依赖于美国金融市场成长和成功的小微企业来说，金融科技可能正是这样一种力量。

•◦•◦•●●●◦•◦•

十年前，罗恩·西格尔（Ron Siegel）决定开一家面包店，一开始不知道要取个什么样的店名。"打破我的日常工作规律去追寻一个结果未知的梦想，这很难，甚至有点可怕"，罗恩说，"'鸡毛飞上天（When Pigs Fly）'这个名字意味着'我怀疑这是否可能'，这就是为什么它是我这家店最完美的店名的原因。"[10] 今天，罗恩在他的数百万个面包的包装上讲述自己的故事。跟随着我们来自美索不达米亚的面包经销商 Dumuzi-gamil 的脚步，"鸡毛飞上天（When Pigs Fly）"面包店的面包从其位于缅因州约克市的生产车间销往整个新英格兰地区。

自建国以来，美国人民的创业精神一直是一个决定性的因素。今天，创新者为小微企业借贷市场带来新的思想和科技，正如我们在本书中所描述的那样，一场具有深远影响的变革已经开始。小微企业的前景越来越光明，因为这些变化为像罗恩这样的人创造了更多的机会，使他们能够完成通常看起来不可能完成的任务——开办和经营一家小微企业并成功追寻美国梦。

注　释

第 1 章

1. 对 QED Investors 创始合伙人弗兰克·罗特曼（Frank Rotman）的采访实录，2018 年 4 月 13 日。

2. 《多德 – 弗兰克华尔街改革法案》（The Dodd-Frank Wall Street Reform）与《消费者保护法案》（Consumer Protection Act）是美国国会在 2008 年金融危机后修改法规的主要立法行动。

第 2 章

1. Lydia Saad, "Military, Small Business, Police Still Stir Most Confidence," *Gallup*, June 28, 2018, https://news.gallup.com/poll/236243/militarysmall-business-police-stir-confidence.aspx.

2. https://www.youtube.com/watch?v=00wQYmvfhn4.

3. Paul M. Romer, "Implementing a National Technology Strategy with SelfOrganizing Industry Investment Boards," *Brookings Papers on Economic Activity: Microeconomics*, no. 2 (1993): 345, https://www.brookings.edu/ wp-content/uploads/1993/01/1993b_bpeamicro_romer.pdf.

4. Robert Atkinson and Howard Wial, "Boosting Productivity, Innovation, and Growth through a National Innovation Foundation," *Brookings Institution and Information Technology and Innovation Foundation*, April 2008, https://www.brookings.edu/wp-content/uploads/2016/06/NIFReport.pdf.

5. J.A. Schumpeter, *The Theory of Economic Development* (Cambridge, MA: Cambridge University Press, 1934).

6. Erik Hurst and Benjamin Wild Pugsley, "What Do Small Businesses Do?," *Brookings Papers on Economic Activity, 2011*, no. 2 (2011), https:// www.brookings.edu/wp- content/uploads/2011/09/ 2011b_bpea_ hurst.pdf.

7. J. John Wu and Robert D. Atkinson, "How Technology- Based Startups Support U.S. Economic Growth," *Information Technology and Innovation Foundation*, November 2017, https://itif.org/publications/2017/11/28/ how-technology-based-start-ups-support-us-

economic-growth.

8. "Consumers Now More Willing to Go Out of Their Way to Support Small Businesses," *UPS Store*, May 12, 2014, https://www.theupsstore. com/about/pressroom/consumers-support-small-businesses.

9. "American Express Teams Up with Shaquille O'Neal and Friends to Drive Card Members to Shop Small and Earn Big Rewards," *American Express*, November 10, 2016, https://about. americanexpress.com/press-release/american-express-teams-shaquille-oneal-and-friends-drive-card-members- shop-small-and.

10. "MIT Work of the Future: Perspectives from Business and Economics," Video (Cambridge, MA: MIT Technology Review, 2018), https://www. technologyreview.com/video/611340/mit-work-of-the-future- perspectivesfrom-business-and-economics/. 注：索洛（Solow）观察到，在过去的几十年里，美国国民收入用于工资和薪酬的份额已经从 75% 下降到 62%，这或许要求我们，在谈及工作是经济驱动收入分配的主要方式时要改变以往的思维模式。

11. "United States Small Business Profile, 2018," *U.S. Small Business Administration Office of Advocacy*, 2018, https://www.sba.gov/sites/ default/files/advocacy/2018-Small-Business-Profiles-US.pdf.

12. "Frequently Asked Questions about Small Business," *U.S. Small Business Administration Office of Advocacy*, August 2018, https://www.sba.gov/ sites/default/files/advocacy/Frequently-Asked-Questions-Small-Business- 2018.pdf.

13. "Business Employment Dynamics—Table E. Quarterly Net Change by Firm Size Class, Seasonally Adjusted," *Bureau of Labor Statistics*, last modified July 25, 2018, https://www.bls.gov/bdm/bdmfirmsize.htm.

14. David Madland, "Growth and the Middle Class," *Democracy Journal*, no. 20 (Spring 2011), https://democracyjournal.org/magazine/20/growthand-the-middle-class/.

15. William Easterly, "The Middle Class Consensus and Economic Development," *Journal of Economic Growth* 6, no. 4 (July 2001): 317–335, https://williameasterly.files.wordpress. com/2010/08/34_easterly_ middleclassconsensus_prp.pdf.

16. Ben Hubbard and Kate Kelly, "Saudi Arabia's Grand Plan to Move Beyond Oil: Big Goals, Bigger Hurdles," *New York Times*, October 25, 2017, https://www.nytimes.com/2017/10/25/world/ middleeast/saudi-arabiasgrand-plan-to-move-beyond-oil-big-goals-bigger-hurdles.html.

17. Daron Acemoglu, Ufuk Akcigit, Harun Alp, Nicholas Bloom, and William Kerr, "Innovation, Reallocation and Growth," *Becker Friedman Institute for Research in Economics Working Paper*, no. 21, December 1, 2017, https://papers.ssrn.com/sol3/papers.cfm?abstract_

id=3079898.

18. Edward L. Glaeser, Sari Pekkala Kerr, and William R. Kerr, "Entrepreneurship and Urban Growth: An Empirical Assessment with Historical Mines," *Review of Economics and Statistics* 97, no. 2, May 2015, https://www.mitpressjournals.org/doi/abs/10.1162/REST_a_00456? journalCode=rest.

19. Anthony Breitzman and Diana Hicks, "An Analysis of Small Business Patents by Industry and Firm Size," *SBA Advocacy*, no. 335 (2008): 6, https://rdw.rowan.edu/cgi/viewcontent.cgi?referer=https://www.google. com/&httpsredir=1&article= 1011&context=csm_facpub.

20. Mirjam Van Praag and Peter H. Versloot, "What is the Value of Entrepreneurship? A Review of Recent Research," *Small Business Economics*, no. 29 (2007): 351–382, https://link.springer.com/content/ pdf/10.1007%2Fs11187-007-9074-x.pdf.

21. William R. Kerr, Ramana Nanda, and Matthew Rhodes-K ropf, "Entrepreneurship as Experimentation," *Journal of Economic Perspectives* 28, no. 3 (Summer 2014): 25–48, https://pubs.aeaweb.org/doi/pdfplus/10.1257/ jep.28.3.25.

22. Elizabeth Brown and Austin Nichols, "Self-Employment, Family-Business Ownership, and Economic Mobility," *Urban Institute*, May 2014, https:// www.urban.org/sites/default/files/publication/33841/413134-selfemployment-family-business-ownership-and-economic-mobility.pdf.

23. Ben R. Craig, William E. Jackson, and James B. Thomson, "Small Firm Finance, Credit Rationing, and the Impact of SBA-Guaranteed Lending on Local Economic Growth," *Journal of Small Business Management* 45, no. 1 (2007): 116–132, https://papers.ssrn.com/sol3/papers.cfm?abstract_ id=984724.

24. William R. Kerr, *The Gift of Global Talent: How Migration Shapes Business, Economy & Society* (Palo Alto, CA: Stanford University Press, 2018).

25. "The 2017 Kauffman Index of Startup Activity: National Trends," *Kauffman Foundation*, May 2017, https://www.kauffman.org/kauffman-index/ reporting/startup-activity.

26. Adam Bluestein, "The Most Entrepreneurial Group in America Wasn't Born in America," *Inc.*, February 2015, https://www.inc.com/magazine/201502/ adam-bluestein/the-most-entrepreneurial-group-in-america-wasnt-born-inamerica.html.

27. "United States Small Business Profile, 2018," *U.S. Small Business Administration Office of Advocacy*, 2018, https://www.sba.gov/sites/ default/files/advocacy/2018-Small-Business-Profiles-US.pdf.

28. 注：2016年，根据报告全美有1540万名自由职业者。他们中的一些人经营着有雇员的公司。然而，鉴于2016年只有590万家雇主公司，大多数自由职业者可能也是非雇主公司。据估计，2400万家非雇主企业中，有1200万家或大约一半是其业主的全职工作，其他则只是副业。"非雇主企业"的数据来源于美国人口普查局的非雇主企业统计数据 (https://www.census.gov/programs-surveys/ nonemployer-statistics/data/tables. All.html)；未注册为公司的非雇主企业的数据则来源于美国劳工统计局的未注册为公司的自由职业者统计表（未经季节性调整）(https://www.bls.gov/webapps/legacy/ cpsatab9.htm)。

29. 注：总体公司数据来源于美国人口普查局的美国企业统计 (SUSB) 数据表：https://www.census.gov/programssurveys/susb.html。子类别来自梅赛德斯·德尔加多（Mercedes Delgado）和凯伦·G.米尔斯（Karen G. Mills）在"美国经济的新分类：供应链产业在创新和经济表现中的作用"（A New Categorization of the U.S. Economy: The Role of Supply Chain Industries in Innovation and Economic Performance）中提出的经济的供应链分类，麻省理工学院斯隆管理学院研究论文编号 no. 5241-16, 2018 年 12 月 11 日, http://dx.doi. org/10.2139/ssrn.3050296. 供应商类别只包括在供应链中进行交易的公司。就本图而言，供应链的本地企业是被纳入在实体经济类别中的。

30. Lawrence F. Katz and Alan B. Krueger, "The Rise and Nature of Alternative Work Arrangements in the United States, 1995–2015," *National Bureau of Economic Research*, September 2016, http://www.nber.org/papers/ w22667.

31. Ian Hathaway and Mark Muro, "Tracking the Gig Economy: New Numbers," *Brookings*, October 2016, https://www.brookings.edu/research/ tracking-the-gig-economy-new-numbers/.

32. 注：例如，从 2016 年到 2017 年，非雇主企业的数量增加了 482 000 家，而自由职业者的数量增加了 179 000。

33. Mercedes Delgado and Karen G. Mills, "A New Categorization of the U.S. Economy: The Role of Supply Chain Industries in Innovation and Economic Performance," *MIT Sloan Research Paper*, no. 5241-16, December 11, 2018, http://dx.doi.org/10.2139/ssrn.3050296. 注：该论文评估了一种新的行业分类，将供应链（SC）行业（即主要面向企业或政府销售的行业）与企业对消费者（B2C）行业（即主要面向消费者销售的行业）分开来。据我们所知，这是首次对供应链经济进行系统性的量化研究。供应链不仅包括制造商，更为重要的是，也包括服务提供商。它是一个庞大且独特的部门，与 B2C 行业相比，工资更高，创新能力更强。另见梅赛德斯·德尔加多（Mercedes Delgado）与凯伦·G.米尔斯（Karen G.Mills）的"政策简报：供应链经济——了解创新与服务的新框架"（Policy Briefing: The Supply Chain Economy: A New Framework for Understanding Innovation and Services），2017 年 10 月，https://innovation.mit.edu/ assets/MITii_Lab_Supply-Chain-Economy_FINAL.pdf.

34. Mercedes Delgado and Michael E. Porter, "Clusters and the Great Recession," June 8, 2017, http://mitsloan.mit.edu/shared/ods/documents/ Fang_L_CV_web_09-19-2014.

pdf?DocumentID=4075.

35. Aaron Chatterji, Edward L. Glaeser, and William R. Kerr, "Clusters of Entrepreneurship and Innovation," *NBER Working Paper*, no. 19013, May 2013, https://www.nber.org/papers/w19013.

36. John Reid Blackwell, "Rolls- Royce Could Employ Up to 500 in Prince George," *Richmond Times-Dispatch*, October 20, 2009, https://www. richmond.com/business/rolls-royce-could-employ-up-to-in-princegeorge/article_a238c9f9-bc24-5c67-a42e-0d643ab5df03.html.

37. Jorge Guzman and Scott Stern, "Nowcasting and Placecasting Entrepreneurial Quality and Performance," *NBER Working Paper*, no. 20952, February 2015, http://www.nber.org/papers/w20954.

38. Ramana Nanda, "Financing High-Potential Entrepreneurship," *IZA World of Labor*, 2016, https://wol.iza.org/articles/financing-high-potentialentrepreneurship.

39. Ryan Decker, John Haltiwanger, Ron S. Jarmin, and Javier Miranda, "The Secular Decline in Business Dynamism in the U.S," *University of Maryland Working Paper*, June 2014, http://econweb.umd.edu/~haltiwan/ DHJM_6_2_2014.pdf.

40. John Haltiwanger, Ron S. Jarmin, and Javier Miranda, "Who Creates Jobs? Small Versus Large Versus Young," *The Review of Economics and Statistics* 95, no. 2 (2013), https://www.mitpressjournals.org/doi/10.1162/REST_a_00288.

41. Jason Wiens and Chris Jackson, "The Importance of Young Firms for Economic Growth," *Ewing Marion Kauffman Foundation Entrepreneurship Policy Digest*, September 2015, http://www.kauffman.org/what-we-do/ resources/entrepreneurship-policy-digest/the-importance-of-youngfirms-for-economic-growth.

42. Ryan Decker, John Haltiwanger, Ron Jarmin, and Javier Miranda, "The Role of Entrepreneurship in US Job Creation and Economic Dynamism," *The Journal of Economic Perspectives* 28, no. 3 (2014): 3–24, https://pubs. aeaweb.org/doi/pdfplus/10.1257/jep.28.3.3.

43. Faith Karahan, Benjamin Pugsley, and Aysegül Sahin, "Understanding the 30-year Decline in the Startup Rate: A General Equilibrium Approach," May 2015, http://conference.iza.org/conference_files/EntreRes2015/ pugsley_b22364.pdf.

44. Jan W. Rivkin, Karen G. Mills, and Michael E. Porter, "The Challenge of Shared Prosperity: Findings of Harvard Business School's 2015 Survey on American Competitiveness," Harvard Business School, September 2015, http://www.hbs.edu/competitiveness/Documents/challenge-of-sharedprosperity.pdf.

45. Karthik Krishnan and Pinshuo Wang, "The Cost of Financing Education: Can Student Debt Hinder Entrepreneurship?" *Forthcoming, Management Science*, November 2017, https://

papers.ssrn.com/sol3/papers.cfm?abstract_ id=2586378; Brent Ambrose, Larry Cordell, and Shuwei Ma, "The Impact of Student Loan Debt on Small Business Formation," *Federal Reserve Board of Philadelphia Working Paper*, no. 15–26, July 2015, https://papers.ssrn. com/ sol3/papers.cfm?abstract_id=2633951.

第 3 章

1. 对皮拉尔·古兹曼·萨瓦拉（Pilar Guzman Zavala）的采访实录，2017 年 8 月 31 日。

2. Nancy Dahlberg, "Passion, Perseverance Powered Empanada Maker through Tough Start," *Miami Herald*, July 10, 2016, http://www.miamiherald.com/news/ business/biz-monday/ article88785767.html.

3. 本书作者对美国人口普查局（U.S. Census Bureau）商业动态统计数据（更新至 2015 年 9 月 23 日）的分析，https://www. census.gov/ces/dataproducts/bds/data_firm.html.

4. Mark Gertler and Simon Gilchrist, "Monetary Policy, Business Cycles, and the Behavior of Small Manufacturing Firms," *The Quarterly Journal of Economics* 109, no. 2 (May 1994), http://www.uh.edu/~bsorense/ Gertler&Gilchrist.MP%20business%20cycles%20 and%20behavior%20 of%20small%20manufactoring%20firms.pdf; Randall S. Kroszner, Luc Laeven, and Daniela Klingebiel, "Banking Crises, Financial Dependence and Growth," *Journal of Financial Economics* 84, no. 1 (2007), http:// www.sciencedirect.com/science/ article/pii/S0304405X0600208X; Gert Wehinger, "SMEs and the Credit Crunch: Current Financing Difficulties, Policy Measures, and a Review of Literature," *OECD Journal: Financial Market Trends*, no. 2 (2013), https://www.oecd.org/finance/SMEsCredit-Crunch-Financing-Difficulties.pdf.

5. Diana Farrell and Chris Wheat, "Cash Is King: Flows, Balances, and Buffer Days: Evidence from 600,000 Small Businesses," JPMorgan Chase and Co. Institute, September 2016, https://www.jpmorganchase.com/ content/dam/jpmorganchase/en/legacy/corporate/ institute/document/ jpmc-institute-small-business-report.pdf.

6. "2017 Small Business Credit Survey: Report on Employer Firms," *Federal Reserve Banks*, May 2018, p. 6, https://www.fedsmallbusiness.org/ medialibrary/fedsmallbusiness/ files/2018/sbcs-employer-firms-report.pdf.

7. Brian S. Chen, Samuel G. Hanson, and Jeremy C. Stein, "The Decline of Big-Bank Lending to Small Business: Dynamic Impacts on Local Credit and Labor Markets," *NBER Working Paper*, no. 23843, September 2017, http://www.nber.org/papers/w23843.

8. Roisin McCord, Edward Simpson Prescott, and Tim Sablik, "Explaining the Decline in the Number of Banks Since the Great Recession," EB15-03 (March 2015), https://www.

richmondfed.org/~/media/richmondfedorg/ publications/research/economic_brief/2015/pdf/ eb_15-03.pdf.

9. "FDIC Community Banking Study," *Community Banking Initiative*, December 2012, https://www.fdic.gov/ regulations/resources/cbi/study. html.

10. Mark Gertler and Simon Gilchrist, "Monetary Policy, Business Cycles, and the Behavior of Small Manufacturing Firms," *The Quarterly Journal of Economics* 109, no. 2 (May 1994), http://www.uh.edu/~bsorense/ Gertler&Gilchrist.MP%20business%20cycles%20and%20 behavior%20 of%20small%20manufactoring%20firms.pdf.

11. Randall S. Kroszner, Luc Laeven, and Daniela Klingebiel, "Banking Crises, Financial Dependence and Growth," *Journal of Financial Economics* 84, no. 1 (2007), http://www. sciencedirect.com/science/ article/pii/ S0304405X0600208X.

12. Burcu Duygan-Bump, Alexey Levkov, and Judit Montoriol- Garriga, "Financing Constraints and Unemployment: Evidence from the Great Recession," *Federal Reserve Bank of Boston Working Paper*, no. QAU10-6 (December 2011), https://www.bostonfed.org/publications/ risk-and-policyanalysis/2010/financing-constraints-and-unemployment-evidence-fromthe-great-recession.aspx.

13. Gabriel Chodorow-Reich, "The Employment Effects of Credit Market Disruptions: Firm-level Evidence from the 2008–9 Financial Crisis," *Quarterly Journal of Economics* 129, no. 1 (2014): 1–59, https://scholar. harvard.edu/chodorow-reich/publications/employment-effects-creditmarket-disruptions-firm-level-evidence-2008-09.

14. 注：联邦保险存款委员会（FDIC）要求银行提交季度催款报告，其中包括银行资产负债表上按贷款规模划分的总资产，但不包括贷款发放数据。因此，它们所描述的是贷款的存量，而非贷款的流量。

15. 对乔治·奥斯本（George Osborne）的采访实录，2016年9月。

16. 本书作者对"向小微企业和小型农场提供的贷款"数据的分析，《美国联邦存款保险公司银行业务季度简报》，2018年8月23日获取的数据，https://www.fdic.gov/bank/ analytical/qbp/.

17. 注：小企业管理局的贷款担保计划允许银行发放小微企业贷款，并承诺如果借款人违约，联邦政府将承担指定的部分损失。

18. Robert Jay Dilger, "Small Business Administration 7(a) Loan Guaranty Program," *Congressional Research Service*, November 7, 2018, https://fas. org/sgp/crs/misc/R41146. pdf.

19. Karen Gordon Mills and Brayden McCarthy, "The State of Small Business Lending: Innovation and Technology and the Implications for Regulation," *Harvard Business School Working Paper*, no. 17-042 (2016): 121, http:// www.hbs.edu/faculty/Publication%20

Files/17-042_30393d52-3c6141cb-a78a-ebbe3e040e55.pdf.

20. "Small Business Lending Fund," *U.S. Department of the Treasury*, accessed January 19, 2018, https://www.treasury.gov/resource-center/sb-programs/ Pages/Small-Business-Lending-Fund.aspx.

21. Kevin T. Jacques, Richard Moylan, and Peter J. Nigro, "Commercial Bank Small Business Lending Pre and Post Crisis," *The Journal of Entrepreneurial Finance* 18, no. 1 (Spring 2016): 22–48, https://digitalcommons. pepperdine.edu/cgi/viewcontent.cgi?referer=&httpsr edir=1&article=127 5&context=jef.

22. Jeff Zients, "Getting Money to Small Businesses Faster," *The White House Blog*, September 14, 2011, https://www. whitehouse.gov/blog/2011/09/14/ getting-money-small-businesses-faster.

23. Jean-Noel Barrot and Ramana Nanda, "The Employment Effects of Faster Payment: Evidence from the Federal Quickpay Reform," *Harvard Business School Working Paper*, no. 17-004, July 2016, (Revised July 2018), https:// papers.ssrn.com/sol3/papers. cfm?abstract_id=2808666.

24. Federal News Radio Staff, "Necole Parker, Founder and CEO of The ELOCEN Group LLC," *Federal News Radio*, July 31, 2014, https:// federalnewsradio.com/federal-drive/2014/07/necole-parker-founderand-ceo-of-the-elocen-group-llc/.

25. "Helping Small Business Overcome Barriers to Growth," United States House of Representatives Committee on Small Business, Testimony of Steven H. Strongin, February 14, 2018, https://smallbusiness.house.gov/ uploadedfiles/2-14-18_strongin_testimony.pdf.

26. Paul Davidson, "U.S. Economy Regains All Jobs Lost in Recession," *USA Today*, June 6, 2014, https://www.usatoday.com/story/money/ business/2014/06/06/may-jobs-report/10037173/.

27. Collin Eaton, "Jamie Dimon Dishes on Small Business Lending, Regulatory Issues," *Houston Business Journal*, February 27, 2013, https:// www.bizjournals.com/houston/blog/money-makers/2013/02/dimondishes-on-small-business.html.

28. William C. Dunkelberg and Holly Wade, "NFIB Small Business Economic Trends," *National Federation of Independent Business*, June 2012, 18, http://www.nfib.com/ Portals/0/PDF/sbet/sbet201206.pdf.

29. Small Business Survey Topline—3rd Qtr 2017," *Wells Fargo and Gallup*, July 19, 2017, p. 8–9, https://assets.ctfassets.net/ewhhtaabqlyo/2ytUTL KjMcM4y4yEMYSMIs/428 3c944c34c9345ea9b16bb028f226f/Wells_ Fargo_Small_Business_Survey_Q3_2017_ FINAL7-19-2017.pdf.

30. Manuel Adelino, Antoinette Schoar, and Felipe Severino, "House Prices, Collateral and

Self-Employment," *Journal of Financial Economics* 117, no. 2 (2015): 288–306, https://doi. org/10.1016/j.jfineco.2015.03.005.

31. Karen Gordon Mills and Brayden McCarthy, "The State of Small Business Lending: Credit Access During the Recovery and How Technology May Change the Game," *Harvard Business School Working Paper*, no. 15-004 (2014): 30, http://www.hbs.edu/faculty/ Publication%20Files/15-004_ 09b1bf8b-eb2a-4e63-9c4e-0374f770856f.pdf.

32. "Small Business, Credit Access, and a Lingering Recession," *National Federation of Independent Business*, January 2012, 35, https://www.nfib. com/Portals/0/PDF/AllUsers/ research/studies/small-business-creditstudy-nfib-2012.pdf.

33. Michael D. Bordo and John V. Duca, "The Impact of the Dodd-Frank Act on Small Business," *NBER Working Paper*, no. 24501, April 2018, www.nber.org/papers/w24501.

34. Martin N. Daily, Justin Schardin, and Phillip L. Swagel, "Did Policymakers Get Post-Crisis Financial Regulation Right?," *Bipartisan Policy Center*, September 2016, https:// cdn.bipartisanpolicy.org/wp-content/uploads/ 2016/09/BPC-FRRI-Post-Crisis-Financial-Regulation.pdf.

35. Steve Strongin, Sandra Lawson, Amanda Hindlian, Katherine Maxwell, Koby Sadan, and Sonya Banerjee, "Who Pays for Bank Regulation?," Goldman Sachs Global Markets Institute, June 2014, https://www. goldmansachs.com/insights/public-policy/regulatory-reform/who-paysfor-bank-regulation-pdf.pdf.

36. Sam Batkins and Dan Goldbeck, "Six Years After Dodd- Frank: Higher Costs, Uncertain Benefits," *American Action Forum*, July 20, 2016, https:// www.americanactionforum.org/ insight/six-years-dodd-frank-highercosts-uncertain-benefits/.

37. Llewellyn Hinkes-Jones, "How Much Did Dodd-Frank Cost? Don't Ask Banks," *Bloomberg BNA*, February 2, 2017, https://www.bna.com/ doddfrank-cost-dont-n57982083211/.

38. Ron Feldman, Ken Heinecke, and Jason Schmidt, "Quantifying the Costs of Additional Regulation on Community Banks," *Federal Reserve Bank of Minneapolis*, May 30, 2013, https://www.minneapolisfed.org/research/ economic-policy-papers/quantifying-the-costs-of-additional-regulationon- community-banks.

39. Drew Dahl, Andrew Meyer, and Michelle Neely, "Bank Size, Compliance Costs and Compliance Performance in Community Banking," *Federal Reserve Bank of St. Louis*, May 2016, https://www.communitybanking. org/~/media/files/communitybanking/2016/ session2_paper2_neely.pdf.

40. "2017 Small Business Credit Survey: Report on Employer Firms," *Federal Reserve Banks*, May 2018, p. 7, https://www.fedsmallbusiness.org/ medialibrary/fedsmallbusiness/ files/2018/sbcs-employer-firms-report.pdf.

第4章

1. Ruth Simon, "What Happened When a Town Lost Its Only Bank Branch," *The Wall Street Journal*, December 25, 2017, https://www.wsj.com/a rticles/ what-happened-when-a-town-lost-its-only-bank-branch-1514219228.

2. Ann Marie Wiersch and Scott Shane, "Why Small Business Lending Isn't What It Used to Be," *Federal Reserve Bank of Cleveland*, August 14, 2013, https://www.clevelandfed.org/ newsroom-and-events/ publications/economic-commentary/2013-economic-commentaries/ec-201310-whysmall-business-lending-isnt-what-it-used-to-be.aspx.

3. "2017 Small Business Credit Survey: Report on Employer Firms," *Federal Reserve Banks*, May 2018, p. 13, https://www.fedsmallbusiness.org/ medialibrary/fedsmallbusiness/ files/2018/sbcs-employer-firms-report.pdf.

4. 同上。

5. 注：资产从100亿美元到2500亿美元的银行，以及资产超过2500亿美元的大银行确实提供了67%的按美元计算的小微企业贷款。我们没有关于这些贷款数量的数据，但有一种猜测认为社区银行提供了更多的小规模贷款，即那些规模小于25万美元的贷款。如果有更完整的关于不同规模的银行所发放贷款数量的数据，社区银行的作用及其重要性将展现得更加清楚。

6. Allen Berger and Gregory Udell, "Relationship Lending and Lines of Credit in Small Firm Finance," *Journal of Business* 68, no. 3 (1995): 351–381, https://scholarcommons.sc edu/cgi/ viewcontent.cgi?article= 1009&context=fin_facpub.

7. Jonathan Scott and William Dunkelberg, "Bank Consolidation and Small Business Lending: A Small Firm Perspective," *Proceedings* (1991): 328–361.

8. Brian Uzzi and James Gillespie, "Corporate Social Capital and the Cost of Financial Capital: An Embeddedness Approach," in *Corporate Social Capital and Liability*, eds. R.T.A.J. Leenders and S.M. Gabbay (Boston, MA: Springer, 1999), 446–459.

9. Robert DeYoung, Dennis Glennon, and Peter Nigro, "Borrower- Lender Distance, Credit Scoring, and Loan Performance: Evidence from Informational- Opaque Small Business Borrowers," *Journal of Financial Intermediation* 17, no. 1 (2008): 113–143, https://doi.org/10.1016/j. jfi.2007.07.002.

10. "2015 Small Business Credit Survey: Report on Employer Firms," *Federal Reserve Banks*, March 2016, p. 9, https://www.newyorkfed.org/medialibrary/media/smallbusiness/2015/ Report-SBCS-2015.pdf.

11. Ryan N. Banerjee, Leonardo Gambacorta, and Enrico Sette, "The Real Effects of

Relationship Lending," *Bank for International Settlements Working Papers*, no. 662, September 2017, https://www.bis.org/publ/ work662.pdf.

12. John R. Walter, "Depression- Era Bank Failures: The Great Contagion or the Great Shakeout?," *Federal Reserve Bank of Richmond Economic Quarterly* 91, no. 1 (2005), https://www.richmondfed.org/-/media/richmondfedorg/ publications/research/economic_quarterly/2005/winter/pdf/walter.pdf.

13. "Commercial Banks in the U.S.," *FRED Economic Data (Federal Reserve Bank of St. Louis)*, last modified August 16, 2018, https://fred.stlouisfed. org/series/USNUM.

14. "Commercial Banks—Historical Statistics on Banking," *Federal Deposit Insurance Corporation*, accessed September 14, 2018, https://www5.fdic. gov/hsob/SelectRpt. asp?EntryTyp=10&Header=1.

15. "FDIC Community Banking Study," *Federal Deposit Insurance Corporation*, December 2012, pp. 2–4, https://www.fdic.gov/regulations/resources/ cbi/report/cbi-full.pdf.

16. 注：储蓄所也被称为储蓄与贷款所，专门吸收存款进行储蓄，并提供贷款，特别是抵押贷款。20 世纪 30 年代，在《联邦住房贷款银行法》（Federal Home Loan Bank Act）通过后，储蓄所作为一种让更多美国人拥有自己住房的方式，开始在美国流行起来。随着时间的推移，储蓄所已变得与银行越来越相似。

17. Kevin J. Stiroh and Jennifer P. Poole, "Explaining the Rising Concentration of Banking Assets in the 1990s," *Current Issues in Economics and Finance* 6, no. 9, August 2000, https://pdfs.semanticscholar.org/5b0b/6 879f3881 06468e74380414b60a9a565a4f4.pdf.

18. "FDIC Community Banking Study," *Federal Deposit Insurance Corporation*, December 2012, pp. I–II, https://www.fdic.gov/regulations/resources/cbi/ report/cbi-full.pdf.

19. *Supervisory Insights* 13, no. 1 (Summer 2016): 3, https://www.fdic.gov/ regulations/ examinations/supervisory/insights/sisum16/si_summer16.pdf.

20. Andrew Martin, "In Hard Times, One New Bank (Double- Wide)," *New York Times*, August 2010, http://www.nytimes.com/2010/08/29/ business/29bank.html.

21. John J. Maxfield, "The New Crop of De Novo Banks," *BankDirector.com*, April 5, 2017, http://www.bankdirector.com/magazine/archives/2ndquarter-2017/new-crop-de-novo-banks; 注：这可能低估了实际涌入的新银行数量，因为美国联邦存款保险公司确实有鼓励新进入市场者收购那些经营陷入困境的银行的特许牌照，并取得了一些积极成效。

22. Yan Lee and Chiwon Yom, "The Entry, Performance, and Risk Profile of De Novo Banks," *FDIC-CFR Working Paper*, no. 2016-03 (April 2016), https://www.fdic.gov/bank/analytical/ cfr/2016/wp2016/2016-03.pdf.

23. Jeff Bater, "Low Interest Rates to Blame for Few Bank Startups, FDIC Says," *Bloomberg

Law Banking, July 14, 2016, https://www.bna.com/ low-interest-rates-n73014444685/.

24. Charles S. Morris and Kristen Regehr, "What Explains Low Net Interest Income at Community Banks?," Consolidated Reports of Condition and Income, https://www. communitybankingconnections.org/articles/2015/q2/what-explains-low-net-interest-income.

25. "FDIC Community Banking Study," *Federal Deposit Insurance Corporation*, December 2012, pp. III–IV, https://www.fdic.gov/regulations/resources/ cbi/report/cbi-full.pdf.

26. Ruth Simon and Coulter Jones, "Goodbye, George Bailey: Decline of Rural Lending Crimps Small-Town Business," *The Wall Street Journal*, December 25, 2017, https:// www.wsj.com/articles/goodbye-george-baileydecline-of-rural-lending-crimps-small-town-business-1514219515.

27. Hoai-Luu Q. Nguyen, "Do Bank Branches Still Matter? The Effect of Closings on Local Economic Outcomes," MIT Economics, December 2014, http://economics.mit.edu/ files/10143.

28 同上。

29. Oliver E. Williamson, "Hierarchical Control and Optimum Firm Size," *Journal of Political Economy* 75, no. 2 (April 1927): 123–138, https:// www.journals.uchicago.edu/ doi/10.1086/259258.

30. Rebel A. Cole, Lawrence G. Goldberg, and Lawrence J. White, "Cookie Cutter vs. Character: The Micro Structure of Small Business Lending by Large and Small Banks," *Journal of Financial and Quantitative Analysis* 39, no. 2 (June 2004): 227–251, https:// condor.depaul.edu/rcole/Research/ Cole.Goldberg.White.JFQA.2004.pdf.

31. "Small Business Lending Survey," *FDIC*, November 1, 2017, https:// www.fdic.gov/ communitybanking/2017/2017-11-01-sbls.pdf.

32. John H. Cushman, Jr., "Credit Markets; Secondary Market Is Sought," *New York Times*, March 29, 1993, http://www.nytimes.com/1993/03/29/ business/credit-markets-secondary-market-is-sought.html?mcubz=3.

33. Kenneth Temkin and Roger C. Kormendi, "An Exploration of a Secondary Market for Small Business Loans," *Small Business Administration Office of Advocacy*, April 2003, 12–13, http://citeseerx.ist.psu.edu/viewdoc/downl oad?doi=10.1.1.186.8863&rep=rep1&typ e=pdf.

34. "Fall 2013 Small Business Credit Survey," *Federal Reserve Bank of New York*, September 2013, https://www.newyorkfed.org/medialibrary/ interactives/fall2013/fall2013/files/full-report.pdf.

第 5 章

1. Karen Gordon Mills and Brayden McCarthy, "The State of Small Business Lending: Credit Access during the Recovery and How Technology May Change the Game," *Harvard Business School Working Paper*, no. 15-004 (2014), http://www.hbs.edu/faculty/Publication%20 Files/15-004_09b1bf8b-eb2a-4e63-9c4e-0374f770856f.pdf.

2. 注：数据的差异可能是由于抽样的小微企业类型不同，或由于关于获取信贷问题的提问方式不同。

3. Jacob Jegher and Ian Benton, "Build, Buy, Partner, and Beyond: How Alternative Lending is Reshaping Small Business Lending," *Javelin Strategy*, May 16, 2016, https://www.javelinstrategy.com/coveragearea/%E2%80%98build-buy-or-partner%E2%80%99-and-beyond.

4. "2017 Small Business Credit Survey: Report on Employer Firms," *Federal Reserve Banks*, May 2018, p. 6, https://www.fedsmallbusiness.org/medialibrary/fedsmallbusiness/files/2018/sbcs-employer-firms-report.pdf.

5. "2016 Small Business Credit Survey: Report on Employer Firms," *Federal Reserve Banks*, April 2017, p. 12, https://www.newyorkfed.org/medialibrary/media/smallbusiness/2016/SBCS-Report-EmployerFirms-2016. pdf.

6. "Joint Small Business Credit Survey Report 2014," Federal Reserve Banks of New York, Atlanta, Cleveland and Philadelphia, 2014, p. 6. https:// www.newyorkfed.org/medialibrary/media/smallbusiness/SBCS-2014Report.pdf.

7. "2016 Small Business Credit Survey: Report on Startup Firms," *Federal Reserve Banks*, August 2017, https://www.newyorkfed.org/medialibrary/ media/smallbusiness/2016/SBCS-Report-StartupFirms-2016.pdf.

8. "2016 Small Business Credit Survey: Report on Startup Firms," *Federal Reserve Banks*, August 2017, p. 7, https://www.newyorkfed.org/medialibrary/media/smallbusiness/2016/SBCS-Report-StartupFirms-2016.pdf.

9. Ruth Simon and Paul Overberg, "Funding Sources Shift for Startups," *Wall Street Journal*, September 28, 2016, http://www.wsj.com/articles/ funding-sources-shift-for-startups-1475095802?tesla=y.

10. 对琳达·帕甘（Linda Pagan）的采访实录，2018 年 8 月 2 日。

11. 美国小企业管理局（SBA）拥有担保金额达近 1000 亿美元、损失率低于 5% 的贷款产品组合，这表明市场上有大量有投资价值的小微企业，它们不如此的话可能就不符合申请贷款条件。由于损失的成本通常已经包含在小企业管理局的费用中了，因此这个重要项目对联邦预算的影响接近于零。该计划是公私合作的一个很好的例子，它充分利用银行的专业知识，为小微企业提供更多的贷款选择和机会，而政府只需要花很少的费用。这是一个有用的模式，可以考虑用于填补其他市场缺口或社会用途，该计划已被其他国家复制，以更好地支持其小微企业。

第6章

1. Michael Riordan and Lillian Hoddeson, *Crystal Fire: The Invention of the Transistor* (W. W. Norton, 1997), 254.

2. Joseph Alois Schumpeter, *Business Cycles* (New York: McGraw-Hill, 1939).

3. Joseph Alois Schumpeter, *Capitalism, Socialism and Democracy* (New York: Routledge, 2010), 83.

4. Joseph Alois Schumpeter, *The Theory of Economic Development: An Inquiry into Profits, Capital, Credit, Interest, and the Business Cycle* (New Brunswick, NJ: Transaction Books, 1911), 66.

5. Rebecca Henderson, "Developing and Managing a Successful Technology & Product Strategy: The Industry Life Cycle as an S Curve," The Co-Evolution of Technologies and Markets, Cambridge, MA, 2005, www.mit.edu/people/rhenders/Teaching/day1_jan05.ppt.

6. Priya Ganapati, "June 4, 1977: VHS Comes to America," *Wired*, June 4, 2010, https://www.wired.com/2010/06/0604vhs-ces/.

7. "Check Clearing for the 21st Century Act (Check 21)," *Federal Deposit Insurance Corporation*, last modified April 3, 2017, https://www.fdic.gov/ consumers/assistance/ protection/check21.html.

8. "FDIC Quarterly Banking Profile," *Federal Deposit Insurance Corporation*, accessed September 14, 2018, https://www.fdic.gov/bank/analytical/qbp/.

9. Brian Riley, "Small Business Credit Cards Have Plenty of Growth Potential in the U.S.," *Mercator Advisory Group*, March 14, 2018, https:// www.mercatoradvisorygroup.com/ Templates/BlogPost.aspx?id=6866&bl ogid=25506.

10. "FDIC Quarterly Banking Profile," *Federal Deposit Insurance Corporation*, accessed September 14, 2018, https://www.fdic.gov/bank/analytical/qbp/.

11. "Total Consumer Credit Owned and Securitized, Outstanding," *FRED Economic Data*, accessed March 23, 2018, https://fred.stlouisfed.org/ graph/?id=TOTALSL.

12. "Real Estate Loans: Residential Real Estate Loans, All Commercial Banks," *FRED Economic Data*, https://fred.stlouisfed.org/graph/?id=RREACBW027SBOG.

13. "Annual Report 2017," JPMorgan Chase & Co., April 2018, p. 14, https://www.jpmorganchase.com/corporate/investor-relations/document/ annualreport-2017.pdf.

14. Parris Sanz, "CAN Capital Celebrates 20 Years," *CAN Capital*, March 21, 2018, https://www.cancapital.com/resources/can-capital-celebrates20-years/.

15. Rip Empson, "Smart Lending: OnDeck Gives Your Startup a Credit Score So You Can Secure a Loan," *TechCrunch*, May 19, 2011, https:// techcrunch.com/2011/05/19/smart-lending-on-deck-gives-your-startupa-credit-score-so-you-can-secure-a-loan/.

16. Karen Gordon Mills and Brayden McCarthy, "The State of Small Business Lending: Innovation and Technology and the Implications for Regulation," *Harvard Business School Working Paper*, no. 17-042, 2016, http://www. hbs.edu/faculty/Publication%20Files/17-042_30393d52-3c61-41cba78a-ebbe3e040e55.pdf.

17. Michael Erman and Joy Wiltermuth, "Lending Club CEO Resigns After Internal Probe, Shares Plummet," *Reuters*, May 9, 2016, https://www. reuters.com/article/us-lendingclub-results-1dUSKCN0Y01BK.

18. Leena Rao, "Once-Hot Online Lending Companies Go Cold in Face of Skepticism," *Fortune*, July 1, 2015, http://fortune.com/2015/06/30/ lending-club-ondeck-shares/.

19. Kristine McKenna, "Lots of Aura, No Air Play," *Los Angeles Times*, May 23, 1982, L6.

第 7 章

1. 朗迪峰会档案（LendIt Archives），由彼得·伦顿（Peter Renton）提供，2018 年 3 月 13 日。

2.《2013 年朗迪峰会官方会议报告》，朗迪峰会博客，2013 年 8 月 24 日，http://blog. lendit.com/lendit-2013-official-conference-report/.

3. Peter Renton, "Wrap-Up of the 2014 LendIt Conference," *Lend Academy*, May 9, 2014, https://www.lendacademy.com/wrap-up-of-the-2014-lenditconference/.

4. "The LendIt Story," *Lendit Conference*, 2018, http://www.lendit.com/ about.

5. "LendIt USA 2015: Agenda at a Glance," *Lendit USA*, 2015, https:// s3-us-west-2.amazonaws.com/lendit/agendas/usa-2015-agenda.pdf.

6. Travis Skelly, "Larry Summers' Full-throated Endorsement of Online Lending," *FinTech Collective*, April 16, 2015, http://news.fintech.io/ post/102ceyr/larry-summers-full-throated-endorsement-of-online-lending.

7. 对弗兰克·罗特曼（Frank Rotman）的采访实录，2018 年 4 月 13 日。

8. Rolin Zumeran, "The History of APIs and How They Impact Your Future," *OpenLegacy Blog*, June 7, 2017, http://www.openlegacy.com/ blog/the-history-of-apis-and-how-they-impact-your-future.

9. "Open Banking's Next Wave: Perspectives from Three Fintech CEOs," *Business a.m.*,

September 10, 2018, https://www.businessamlive.com/ open-bankings-next-wave-perspectives-from-three-fintech-ceos/.

10. Parris Sanz, "CAN Capital Celebrates 20 Years," *CAN Capital,* March 21, 2018, https://www.cancapital.com/resources/can-capital-celebrates20-years/.

11. 注：年利率（APR）指的是年度百分比，或大多数人认为的"利率"。这个数字代表在一年的时间里为贷款支付的利息所占的百分比。因为商业现金垫款（MCA）是用企业销售收据的一个百分比来进行偿还的，所以它们可以在不到一年的时间里就全部还清。然而，由于需要偿还的总金额是固定的，如果在短时间内就还清贷款的话，计算出的年利率可能相当高。因此，有些人认为，年利率不能公平地代表商业现金垫款（MCA）类型贷款的真实成本。尽管如此，年利率（APR）仍然作为利率信息披露以及被拿来进行比较的一个标准。

12. Jackson Mueller, "U.S. Online, Non-Bank Finance Landscape," *Milken Institute Center for Financial Markets,* Curated through May 2016, http:// www.milkeninstitute.org/assets/PDF/Online-Non-Bank-FinanceLandscape.pdf.

13. "Lending Club Launches Business Loans," *LendingClub,* accessed March 27, 2018, https://blog.lendingclub.com/lending-club-launches-businessloans/.

14. Julapa Jagtiani and Catharine Lemieux, "Small Business Lending: Challenges and Opportunities for Community Banks," *Philadelphia Fed Working Paper,* no. 16-08 (March 2016), https://philadelphiafed.org/-/ media/research-and-data/publications/working-papers/2016/wp16-08. pdf.

15. Kabbage, accessed September 17, 2018, https://www.kabbage.com/.

16. 对凯瑟琳·佩特拉利亚（Kathryn Petralia）的采访实录，2018 年 3 月 18 日。

17. Miranda Eifler, "The OnDeck Score: Making Targeted Small Business Lending Decisions in Real Time," accessed March 27, 2018, https://www. ondeck.com/resources/ondeckscore.

18. Jackson Mueller, "U.S. Online, Non-Bank Finance Landscape," *Milken Institute Center for Financial Markets,* Curated through May 2016, http:// www.milkeninstitute.org/assets/PDF/Online-Non-Bank-FinanceLandscape.pdf.

19. OnDeck 公司，2018 年 4 月 18 日获取的信息，https://www.ondeck.com/company.

20. 对彼得·伦顿（Peter Renton）的采访实录，2018 年 3 月 28 日。

21. Peter Renton, "Funding Circle Raises $37 Million and Launches in The U.S.," *Lend Academy,* October 23, 2013, https://www.lendacademy.com/ funding-circle-raises-37-million-and-launches-in-the-u-s/.

22. Allen Taylor, "Will Amazon Lending Disrupt, Displace, or Prop Up Banks?" *Lending Times,* January 4, 2018, https://lending-times.com/2018/01/04/ will-amazon-lending-disrupt-displace-or-prop-up-banks/.

23. Jeffrey Dastin, "Amazon Lent $1 Billion to Merchants to Boost Sales on Its Marketplace," *Reuters*, June 8, 2017, https://www.reuters.com/article/ us-amazon-com-loans-idUSKBN18Z0DY.

24. Amy Feldman, "PayPal's Small-Business Lending Tops $3B As Company Launches New Tools For Small-Business Owners," *Forbes*, May 1, 2017, https://www.forbes.com/sites/ amyfeldman/2017/05/01/paypals-smallbusiness-lending-tops-3b-as-company-launches-new-tools-for-smallbusiness-owners/#7a8014b34018.

25. Leena Rao, "Square Capital Has Loaned Over $1 Billion to Small Businesses," *Fortune*, November 7, 2016, http://fortune.com/2016/11/07/ square-capital-1-billion/.

26. "Q2 2018 Shareholder Letter," *Square*, p. 7, https://s21.q4cdn. com/114365585/files/doc_ financials/2018/2018-Q2-Shareholder-Letter-%E2%80%94-Square.pdf.

27. 注：如第 2 章所述，近 100 万家小企业都是小型供应链企业，它们创造了约 1000 万个就业岗位，其平均工资高，创新数量大。

28. 注：2018 年 4 月，Orchard 公司被 Kabbage 公司收购，后者由此获得了 Orchard 的数据科技，https://www.kabbage. com/pdfs/pressreleases/Kabbage_Acquire_Orchard.pdf.

29. 本书作者对"开辟新天地：美洲另类金融标杆研究报告"（Breaking New Ground: The Americas Alternative Finance Benchmarking Report）中相关资料的分析，剑桥另类金融研究中心，2016 年，https://www.jbs.cam.ac.uk/fileadmin/user_ upload/research/centres/ alternative-finance/downloads/2016-americasalternative-finance-benchmarking-report.pdf.

30. "Global Marketplace Lending: Disruptive Innovation in Financials," *Morgan Stanley*, May 19, 2015, https://bebeez.it/wp-content/blogs. dir/5825/files/2015/06/ GlobalMarketplaceLending.pdf.

31. "埃森哲公司与纽约市合作基金报告显示，2014 年美国的金融科技投资增长了近两倍"（Fintech Investment in U.S. Nearly Tripled in 2014, According to Report by Accenture and Partnership Fund for New York City），埃森哲公司（Accenture），2015 年 6 月 25 日，https://newsroom.accenture.com/news/fintech-investment-in-usnearly-tripled-in-2014-according-to-report-by-accenture-and-partnershipfund-for-new-york-city.htm.

32. Geoffrey A. Moore, *Crossing the Chasm: Marketing and Selling Disruptive Products to Mainstream Customers* (HarperBusiness Essentials, 2002), 9, http://library.globalchalet. net/Authors/Startup%20Collection/%5B Moore,%202002%5D%20Crossing%20the%20 Chasm,%20Revised%20Edition.pdf.

33. Geoffrey A. Moore, *Inside the Tornado: Strategies for Developing, Leveraging, and Surviving Hypergrowth Markets* (HarperCollins Publishers, 2009), 26, https://docslide.us/ documents/inside-the-tornado-geoffrey-a-moore. html.

34. Securities and Exchange Commission, Form 10-K: OnDeck Capital Inc., 2015, http://

d1lge852tjjqow.cloudfront.net/CIK-0001420811/2e36150da925-4b94-ad17-1d111b90ba94.
pdf; "Lending Club Reports Fourth Quarter and Full Year 2015 Results and Announces
$150 Million Share Buyback," *PRNewswire*, February 11, 2016, http://www.prnewswire.
com/ news-releases/lending-club-reports-fourth-quarter-and-full-year-2015-resultsand-
announces-150-million-share-buyback-300218747.html.

35. Chris Myers, "For Alternative Lenders to Be Successful, Differentiation Is Key," *Forbes*,
October 2015, http://www.forbes.com/sites/chrismyers/ 2015/10/15/for-alternative-lenders-
to-be-successful-differentiation-iskey/#722f3110207e.

36. Karen Gordon Mills, Dennis Campbell, and Aaron Mukerjee, "Eastern Bank: Innovating
Through Eastern Labs," HBS No. 9-318-068 (Boston: Harvard Business School Publishing,
2017), https://www.hbs.edu/faculty/ Pages/item.aspx?num=53399.

第 8 章

1. 对塔拉（Tala）公司创始人希瓦尼·斯洛亚（Shivani Siroya）的采访实录，2018 年 6
月 19 日。

2. Emma Dunkley, "UK Banks Prepare to Share Customer Data in Radical Shake-up,"
Financial Times, November 26, 2017, https://www.ft.com/ content/55f4503e-cb95-11e7-
ab18-7a9fb7d6163e.

3. Bernard Marr, "28 Best Quotes About Artificial Intelligence," *Forbes*, July 25, 2017,
https://www.forbes.com/sites/bernardmarr/2017/07/25/28best-quotes-about artificial-
intelligence/#7f333fbc4a6f.

4. "This Hot Robot Says She Wants to Destroy Humans," *CNBC*, March 16, 2016, https://www.
cnbc.com/video/2016/03/16/this-hot-robot-saysshe-wants-to-destroy-humans.html.

5. Bernard Marr, "28 Best Quotes About Artificial Intelligence," *Forbes*, July 25, 2017,
https://www.forbes.com/sites/bernardmarr/2017/07/25/28best-quotes-about-artificial-
intelligence/#7f333fbc4a6f.

6. Iain M. Cockburn, Rebecca Henderson, and Scott Stern, "The Impact of Artificial Intelligence
on Innovation: An Exploratory Analysis," Chapter in forthcoming NBER Book The
Economics of Artificial Intelligence: An Agenda, December 16, 2017, http://www.nber.org/
chapters/c14006.pdf.

7. Zvi Griliches, "Hybrid Corn: An Exploration in the Economics of Technological Change,"
Econometrica 25, no. 4 (1957): 501–522.

8. "Small Business Development Center," *U.S. Small Business Administration, Local
Assistance*, https://www.sba.gov/tools/local-assistance/sbdc.

9. "SCORE Business Mentor," *U.S. Small Business Administration, Local Assistance*, https://www.sba.gov/tools/local-assistance/score.

10. "Community Development Financial Institutions Fund," *U.S. Department of the Treasury*, https://www.cdfifund.gov/Pages/default.aspx.

11. "Chase Initiative Sparks Debate Over 'Bank Deserts' And SMBs," *PYMNTS*, August 21, 2018, https://www.pymnts.com/news/b2b-payments/2018/ jpmorgan-chase-small-business-advisory-banking-branches/.

12. Suman Bhattacharyya, "Chase to Reach Business Owners Through 'Business Advice Center on Wheels'," *Tearsheet*, June 15, 2018, https://www.tearsheet. co/marketing/chase-to-reach-business-owners-through-business-advicecenter-on-wheels?utm_source=digiday. com&utm_medium=referral&utm_ campaign=digidaydis&utm_content=bhattacharyya-chase-to-reach-business owners-through-business-advice-center-on-wheels.

第 9 章

1. 想要了解关于这个故事的更多内容，请参阅 Karen Gordon Mills, Dennis Campbell, and Aaron Mukerjee, *"Eastern Bank: Innovating Through Eastern Labs,"* HBS No. 9-318-068 (Boston: Harvard Business School Publishing, 2017), https://www.hbs.edu/faculty/Pages/item. aspx?num=53399; 注：该作者是 Numerated Growth Technologies 公司的一名投资者。

2. Peter Rudegeair, Emily Glazer, and Ruth Simon, "Inside J.P. Morgan's Deal with OnDeck Capital," *Wall Street Journal*, December 30, 2015, https://www.wsj.com/articles/inside-j-p-morgans-deal-with-on-deckcapital-1451519092.

3. Peter Renton, "An In-Depth Look at the OnDeck/JPMorgan Chase Deal," *LendAcademy*, December 4, 2015, https://www.lendacademy.com/ an-in-depth-look-at-the-ondeckjpmorgan-chase-deal/.

4. Jonathan Kandell, "Jamie Dimon is Not Messing Around," *Institutional Investor*, May 21, 2018. https://www.institutionalinvestor.com/article/ b189czlk410ggh/jamie-dimon-is-not-messing-around.

5. *"FastFlex®* Small Business Loan Calculator," accessed June 26, 2018, https://www. wellsfargo.com/biz/business-credit/loans/fastflex-loan/ payment-calculator/.

6. "Wells Fargo Works for Small Business®," accessed June 26, 2018, https:// wellsfargoworks. com/.

7. Harriet Taylor, "Bank of America Launches AI Chatbot Erica—Here's What It Does," *CNBC*, October 24, 2016, https://www.cnbc.com/2016/10/24/ bank-of-america-launches-ai-chatbot-erica%2D%2Dheres-what-it-does. html.

8. "After the dinosaurs," *The Economist*, February 17, 2000, http://www. economist.com/node/284246.

9. "About Us," *Frost Bank*, accessed September 21, 2018, https://www.frostbank.com/about-us.

10. "Community Capital," accessed June 22, 2018, https://www.communitytechnology.us/.

11. "Where Top US Banks are Investing in Fintech—CB Insights," *Fintech Futures*, August 14, 2017, http://www.bankingtech.com/2017/08/ where-top-us-banks-are-investing-in-fintech-cb-insights/.

12. "Citizens Bank Makes It Faster, Easier to Get Small Business Loans with New Digital Lending Capability," *Citizens Financial Group, Inc.*, November 2, 2017, http://investor. citizensbank.com/about-us/newsroom/latest-news/2017/2017-11-02-110049591.aspx.

13. "Rise," *Barclays PLC*, accessed June 29, 2018, https://thinkrise.com/.

14. Ryan Weeks, "MarketInvoice Strikes Strategic Deal with Barclays," *AltFi*, August 2, 2018, http://www.altfi.com/article/4631_marketinvoice-strikesstrategic-deal-with-barclays.

15. "Citizens Bank Makes It Faster, Easier to Get Small Business Loans with New Digital Lending Capability," *Citizens Financial Group, Inc.*, November 2, 2017, http://investor. citizensbank.com/about-us/newsroom/latest-news/2017/2017-11-02-110049591.aspx.

16. "Wells Fargo Labs," accessed March 27, 2018, https://labs.wellsfargo.com/.

17. 注：想要了解关于该矩阵图中所列各个选项的更多详情，请参阅 Karen Mills and Brayden McCarthy, "How Banks Can Compete Against an Army of Fintech Startups," *Harvard Business Review*, April 26, 2017, https://hbr.org/2017/04/how-banks-can-compete-against-an-army-offintech-startups.

18. "2016 Small Business Credit Survey: Report on Employer Firms," *Federal Reserve Banks*, April 2017, https://www.newyorkfed.org/medialibrary/ media/smallbusiness/2016/SBCS-Report-EmployerFirms-2016.pdf.

19. Michael T. Tushman, Wendy K. Smith, and Andy Binns. "The Ambidextrous CEO," *Harvard Business Review*, June 2011, https://hbr. org/2011/06/the-ambidextrous-ceo; Charles A. O'Reilly and Michael L. Tushman, "The Ambidextrous Organization," *Harvard Business Review*, April 2004, https://hbr.org/2004/04/the-ambidextrous-organization.

20. Shikhar Ghosh, Joseph Fuller, and Michael Roberts. *Intuit: Turbo Tax PersonalPro—A Tale of Two Entrepreneurs* (Harvard Business School: Harvard Business Publishing, Revised 2016), https://www.hbs.edu/faculty/ Pages/item.aspx?num=49820.

21. William R. Kerr, Federica Gabrieli, and Emer Moloney, "*Transformation at ING (A): Agile*," HBS No. 9-818-077 (Boston, Harvard Business School Publishing, 2018), https://www.hbs.edu/faculty/Pages/item.aspx? num=53838.

22. Karen Gordon Mills, Dennis Campbell, and Aaron Mukerjee, *"Eastern Bank: Innovating Through Eastern Labs,"* HBS No. 9-318-068 (Boston: Harvard Business School Publishing, 2017), https://www.hbs.edu/faculty/ Pages/item.aspx?num=53399.

第 10 章

1. Sandra K. Hoffman and Tracy G. McGinley, *Identity Theft: A Reference Handbook* (ABC-CLIO, 2010), 11.

2. Sean Vanatta, "The Great Chicago Christmas Credit Card Fiasco of 1966: Echoes," *Bloomberg*, December 24, 2012, https://www.bloomberg.com/ view/articles/2012-12-24/the-great-chicago-christmas-credit-card-fiascoof-1966-echoes.

3. "Financial Regulation: Complex and Fragmented Structure Could Be Streamlined to Improve Effectiveness," *United States Government Accountability Office*, February 2016, http://www. gao.gov/assets/ 680/675400.pdf.

4. Elizabeth F. Brown, "Prior Proposals to Consolidate Federal Financial Regulators," *The Volcker Alliance*, February 14, 2016, https://www. volckeralliance.org/sites/default/files/ attachments/Background%20 Paper%201_Prior%20Proposals%20to%20Consolidate%20 Federal%20 Financial%20Regulators.pdf.

5. "About the Federal Reserve System," *Board of Governors of the Federal Reserve System*, last updated March 3, 2017, https://www.federalreserve. gov/aboutthefed/structure-federal-reserve-system.htm.

6. "Who is the FDIC?," *Federal Deposit Insurance Corporation*, accessed March 27, 2018, https://www.fdic.gov/about/learn/symbol/.

7. "About the OCC," *Office of the Comptroller of the Currency*, accessed December 15, 2017, http://www.occ.gov/about/what-we-do/mission/ index-about.html.

8. "Opening Remarks of FTC Chairwoman Edith Ramirez FinTech Forum Series: Marketplace Lending," *Federal Trade Commission*, June 9, 2016, https://www.ftc.gov/system/files/documents/ public_statements/956043/ ramirez_-_fintech_forum_opening_remarks_6-9-16.pdf.

9. Michael E. Gordon and Franca Harris Gutierrez, "The Future Of CFPB Small Business Lending Regulation," *Law360*, May 19, 2016, http:// www.law360.com/articles/797135/the-future-of-cfpb-small-businesslending-regulation.

10. Kevin V. Tu, "Regulating the New Cashless World," *Alabama Law Review* 65, no. 1 (2013): 109, accessed March 27, 2018, https://www.law.ua. edu/ pubs/lrarticles/ Volume%2065/ Issue%201/2%20 Tu%2077-138.pdf.

11. "Vision 2020 for Fintech and Non-Bank Regulation," *Conference of State Bank Supervisors*,

June 7, 2018, https://www.csbs.org/vision2020.

12. "OCC Begins Accepting National Bank Charter Applications From Financial Technology Companies," *Office of the Comptroller of the Currency*, July 31, 2018, https://www.occ.gov/news-issuances/newsreleases/2018/nr-occ-2018-74.html.

13. "Third-Party Relationships," *Office of the Comptroller of the Currency*, OCC Bulletin 2013–29, October 30, 2013, https://www.occ.gov/newsissuances/bulletins/2013/bulletin-2013-29.html.

14. "Description: Frequently Asked Questions to Supplement OCC Bulletin 2013–29," *Office of the Comptroller of the Currency*, OCC Bulletin 2017–21, June 7, 2017, https://www.occ.treas.gov/news-issuances/bulletins/2017/bulletin-2017-21.html.

15. "Examination Guidance for Third-Party Lending," *Federal Deposit Insurance Corporation*, July 29, 2016, https://www.fdic.gov/news/news/ financial/2016/fil16050a.pdf.

16. Steven T. Mnuchin and Craig S. Phillips, "A Financial System That Creates Economic Opportunities: Nonbank Financials, Fintech, and Innovation," *U.S. Department of the Treasury*, July 2018, https://home. treasury.gov/sites/default/files/2018-07/A-Financial-System-that-Creates-Economic-Opportunities%2D%2D-Nonbank-Financi···pdf.

17. Barbara J. Lipman and Ann Marie Wiersch, "Alternative Lending Through the Eyes of 'Mom & Pop' Small-Business Owners: Findings from Online Focus Groups," *Federal Reserve Bank of Cleveland*, August 25, 2015, https://www.clevelandfed.org/newsroom-and-events/publications/special-reports/sr-20150825-alternative-lending-through-the-eyes-of-momand-pop-small-business-owners.aspx.

18. Barbara J. Lipman and Ann Marie Wiersch, "Browsing to Borrow: Mom & Pop Small Business Perspectives on Online Lenders," *Federal Reserve Board and Federal Reserve Bank of Cleveland*, June 2018, https://www. federalreserve.gov/publications/files/2018-small-business-lending.pdf.

19. "Unaffordable and Unsustainable: The New Business Lending on Main Street," *Opportunity Fund*, May 2016, http://www.opportunityfund.org/ assets/docs/Unaffordable%20and%20 Unsustainable-The%20New%20 Business%20Lending%20on%20Main%20Street_ Opportunity%20 Fund%20Research%20Report_May%202016.pdf.

20. Patrick Clark, "How Much is Too Much to Pay for a Small Business Loan," *Bloomberg*, May 16, 2014, http://www.bloomberg.com/news/ articles/2014-05-16/how-much-is-too-much-to-pay-for-a-small-business-loan.

21. Ben Wieder, "Even Finance Whizzes Say It's Impossible to Compare Online Small Business Loan Options," *McClatchy*, June 8, 2018, http:// www.mcclatchydc.com/news/nation-world/ national/ article212491199. html.

22. Barbara J. Lipman and Ann Marie Wiersch, "Browsing to Borrow: Mom & Pop Small

Business Perspectives on Online Lenders," *Federal Reserve Board and Federal Reserve Bank of Cleveland*, June 2018, https://www.federalreserve.gov/publications/files/2018-small-business-lending.pdf.

23. Patrick Clark, "Forget the Algorithms. Get Me a Loan Broker!," *Bloomberg*, April 4, 2014, https://www.bloomberg.com/news/articles/2014-04-03/ alternative-lenders-still-rely-on-loan-brokers.

24. Leonard J. Kennedy, "Memorandum to Chief Executive Officers of Financial Institutions under Section 1071 of the Dodd-Frank Act," *Consumer Financial Protection Bureau*, April 11, 2011, http://files.consumerfinance.gov/f/2011/04/GC-letter-re-1071.pdf.

25. Consumer Financial Protection Bureau, "Request for Information Regarding the Small Business Lending Market," *Federal Register*, May 15, 2017, https://www.federalregister.gov/documents/2017/05/15/2017 09732/request-for-information-regarding-the-small-business-lending-market.

26. Paul Greig, Karen Mills, Olympia Snowe, and Mark Walsh, "Main Street Matters: Ideas for Improving Small Business Financing," *Bipartisan Policy Center*, August 2018, https://bipartisanpolicy.org/wp-content/ uploads/2018/07/Main-Street-Matters-Ideas-for-Improving-SmallBusiness-Financing.pdf.

27. Liz Farmer, "Are Predatory Business Loans the Next Credit Crisis?," *Governing*, May 2015, http://www.governing.com/topics/finance/govpredatory-business-loans-crisis.html.

28. Brayden McCarthy, "It's Time to Rein in Shady Small Business Loan Brokers," *Forbes*, September 17, 2014, http://www.forbes.com/sites/ groupthink/2014/09/17/its-time-to-rein-in-shady-small-business-loanbrokers/#1b7cb26972b7.

第 11 章

1. Gwendy Donaker Brown and Gabriel Villarreal, "New and Improved: The Small Business Borrower's Bill of Rights," *Opportunity Fund*, April 19, 2017, https://www.opportunityfund.org/media/blog/new-and-improvedthe-small-business-borrower%E2%80%99s-bill-of-rights/.

2. "The Small Business Borrowers' Bill of Rights," *Responsible Business Lending Coalition*, accessed September 22, 2018, http://www.borrowersbillofrights.org/.

3. "The SMART Box ™ Model Disclosure Initiative," *Innovative Lending Platform Association*, accessed June 26, 2018, http://innovativelending. org/smart-box/.

4. 对乔治·奥斯本（George Osborne）的采访实录，2016 年 9 月。

5. "About the FCA," *Financial Conduct Authority*, accessed March 30, 2018, https://www.fca.org.uk/about/the-fca.

6. "Regulatory Sandbox," *Financial Conduct Authority*, accessed March 30, 2018, https://www.

fca.org.uk/firms/regulatory-sandbox.

7. 注：只要豁免或修订条款不与英国金融市场行为监管局的目标相互冲突或违反英国或国际法律，这些修订条款都将适用。

8. "Project Innovate and Innovation Hub," *Financial Conduct Authority*, accessed March 30, 2018, https://www.fca.org.uk/firms/fca-innovate.

9. "Regulatory Sandbox Lessons Learned Report," *Financial Conduct Authority*, October 2017, https://www.fca.org.uk/publication/researchand-data/regulatory-sandbox-lessons-learned-report.pdf.

10. Rowland Manthorpe, "What is Open Banking and PSD2? WIRED Explains," *WIRED*, April 17, 2018, https://www.wired.co.uk/article/ open-banking-cma-psd2-explained.

11. "Open Banking Standard," *Payment Systems Regulator; Payments Strategy Forum*, https://www.paymentsforum.uk/sites/default/files/documents/ Background%20Document%20No.%202%2D%20The%20Open%20 Banking%20Standard%2D%20Full%20Report.pdf.

12. Raghuram Rajan and Luigi Zingales, *Saving Capitalism from the Capitalists* (New York: Crown Business, 2003), 1.

13. "Sound Practices, Implications of Fintech Developments for Banks and Bank Supervisors," *Bank for International Settlements: Basel Committee on Banking Supervision*, accessed July 2, 2018, https://www.bis.org/bcbs/ publ/d431.pdf.

14. "As Fintech Evolves, Can Financial Services Innovation Be Compliant?," *EY*, 2017, https://www.ey.com/Publication/vwLUAssets/ey-the-emergenceand-impact-of-regulatory-sandboxes-in-uk-and-across-apac/$FILE/ ey-the-emergence-and-impact-of-regulatory-sandboxes-in-uk-andacross-apac.pdf.

15. "Recommendations and Decisions for Implementing a Responsible Innovation Framework," *Office of the Comptroller of the Currency*, October 2016, pp. 4–5. https://morningconsult. com/wp-content/ uploads/2016/10/2016-135a.pdf.

16. Brenna Goth, "Arizona Becomes First Sandbox State for Fintech Products," *Bloomberg BNA*, March 22, 2018, https://www.bna.com/ arizona-becomes-first-n57982090236/.

17. James M. Lacko and Janis K. Pappalardo, "Improving Consumer Mortgage Disclosures: An Empirical Assessment of Current and Prototype Disclosure Forms: A Bureau of Economics Staff Report," *Federal Trade Commission*, June 2007, https://www.ftc.gov/ reports/improving-consumer-mortgagedisclosures-empirical-assessment-current-prototype-disclosure.

18. 注：1968 年的《诚信借贷法案》（Truth in Lending Act，TILA）通过要求贷款机构对贷款条款与有关费用进行披露，为消费者借款人提供强有力的保护。《诚信借贷法案》适用于提供消费贷款的银行和金融技术贷款机构，但不适用于小微企业借款人。还有其他一些法律，如《平等信贷机会法案》（Equal Credit Opportunity Act，ECOA），该法案保证了非歧视性原则，适用于任何借款人，无论他们是向银行还是非银行性贷款机构申请贷款。《诚信借贷法案》的操作原则应进一步扩大到同时遵循《平等信贷机会法案》的操作原则，在小微企业和消费者申请贷款时为其提供平等保护，无论其贷款来源来自何处。

19. 注：业界人士通过美国州银行监管者协会（CSBS）金融科技行业咨询小组的小微企业贷款分组，就这些法规应该如何制定提出建议。https://www.csbs.org/ csbs-fintech-industry-advisory-panel.

20. Richard H. Neiman and Mark Olson, "Dodd-Frank's Missed Opportunity: A Road Map for a More Effective Regulatory Architecture," *Bipartisan Policy Center*, April 2014, http:// bipartisanpolicy.org/wp-content/ uploads/sites/default/files/BPC%20Dodd-Frank%20 Missed%20 Opportunity.pdf.

21. Steven T. Mnuchin and Craig S. Phillips, "A Financial System That Creates Economic Opportunities: Nonbank Financials, Fintech, and Innovation," *U.S. Department of the Treasury*, July 2018, https://home. treasury.gov/sites/default/files/2018-07/A-Financial-System-thatCreates-Economic-Opportunities%2D%2D-Nonbank-Financi... pdf.

22. Richard H. Neiman and Mark Olson, "Dodd-Frank's Missed Opportunity: A Road Map for a More Effective Regulatory Architecture," *Bipartisan Policy Center*, April 2014, http:// bipartisanpolicy.org/wp-content/ uploads/sites/default/files/BPC%20Dodd-Frank%20 Missed%20 Opportunity.pdf.

第 12 章

1. William Goetzmann, *Money Changes Everything: How Finance Made Civilization Possible* (Princeton, NJ: Princeton University Press, 2016), 50.

2. 注：所有的估计只是猜测而已，但如果有 13% 的小微企业正在寻求资金（第 5 章），只要得到融资的企业数量提高 5%，就意味着市场所服务的信用可靠的企业数量增加了 187 500 家。5% 的估计源于小企业管理局（SBA）的贷款组合在整个市场中的比例，假设小企业管理局代表这个市场缺口。小企业管理局的贷款组合占市场的 5%~10%，只对那些银行在市场条件下不会发放且损失率低于 5% 的贷款进行担保。

3. Frank Rotman, "The Copernican Revolution in Banking," *QED Investors*, April 8, 2018, https://s3.amazonaws.com/qed-uploads/The+Copernican +Revolution+in+Banking+ Publication+Version.pdf.

4. 注：金融危机前的抵押贷款环境是贷款机构的激励机制没有与充分信息披露条款或借款人的最佳利益保持一致的一个例子。

5. 对哈佛商学院的杰克·多尔西（Jack Dorsey）的采访实录，2014 年 3 月 12 日，https:// www.thecrimson.com/article/2014/3/18/an-after noonwith-jack/.

6. 对艾瑞克·格罗韦斯（Eric Groves）的采访实录，2018 年 7 月 18 日："关于 Alignable 公司"，相关资料获取于 2018 年 12 月 3 日，https://www.alignable.com/about；注：该

作者是 Alignable 公司的一名投资者。

7. H.R. 4173 (111th): Dodd-Frank Wall Street Reform and Consumer Protection Act—Section 1071, https://www.govtrack.us/congress/bills/111/ hr4173/text.

8. Anastasia Santoreneos, "FinTech Aus Calls on Parliament to Pass Consumer-friendly Laws," *Money Management*, August 17, 2018, https:// www.moneymanagement.com.au/news/ financial-planning/fintech-auscalls-parliament-pass-consumer-friendly-laws.

9. Ross Levine, "Financial Development and Economic Growth: Views and Agenda," *Journal of Economic Literature* 35, no. 2 (June 1997): 688–726, https://www.jstor.org/stable/2729790.

10. "About Us," *When Pigs Fly Bakery*, accessed September 23, 2018, https:// sendbread.com/ about-us/.